淮南市博物館文物集珍

淮南市博物馆　编著

文物出版社

图书在版编目（CIP）数据

淮南市博物馆文物集珍 / 淮南市博物馆编著. —北京：文物出版社，2010.8
ISBN 978-7-5010-3015-6

Ⅰ. ①淮… Ⅱ. ①淮… Ⅲ. ①博物馆—历史文物—淮南市—图集 Ⅳ. ①K872.543.2

中国版本图书馆CIP数据核字（2010）第161078号

淮南市博物馆文物集珍

淮南市博物馆　编著

文物出版社出版发行
（北京东直门内北小街2号楼　邮政编码 100007）
http://www.wenwu.com
E-mail: web@wenwu.com
北京图文天地制版印刷有限公司印制
新华书店经销
889×1194　1/16　印张：10.25
2010年8月第1版　2010年8月第1次印刷
ISBN 978-7-5010-3015-6
定价：280.00元

淮南市博物館

目　录 [Contents]

陶瓷篇／Ceramics

玉器篇／*Jades*

杂项篇／Miscellaneous Articles

淮南文物综述

淮南市位于安徽省中北部，其地理环境优越，依山傍水，物产丰饶，是我国重要的能源基地。她有着悠久的历史文明，自古以来我们的祖先就在这块土地上繁衍生息，新石器时代早期已有人类生活，夏商时活跃着淮夷；西周、东周时是州来、下蔡、楚国的京畿之地；西汉时淮南王刘安在此招贤纳士，著成我国古代百科全书《淮南子》；东晋时以少胜多的淝水之战发生在八公山下；隋唐时寿州窑瓷器行销天下。历史的积淀使淮南的大地上分布着众多的遗迹和遗物。

淮南市博物馆成立于1958年，是安徽省最早成立的几家省辖市级博物馆之一。1986年，市博物馆又被批准成立淮南市文物管理所，使市博物馆成为“一个机构，两块牌子，”同时承担着全市馆藏文物和不可移动文物的保护与管理工作。

20世纪90年代以前，淮南市博物馆坐落于田家庵老城区，几经变迁，2008年8月迁入位于洞山中路的新馆舍。历经50年的沧桑岁月和几代文博人的不懈努力，现已发展成为具有较大规模的综合性地方博物馆，占地面积15.69亩，建筑面积10200平方米，《淮土遗珍》、《寿州窑》两个基本陈列展厅常年免费对外展出，临时展览更是丰富多样，成为淮南市最重要的文化宣传窗口。淮南市博物馆馆藏文物特色鲜明，以商周青铜器和隋唐寿州窑瓷器为大宗。本书从馆藏文物中精选136件（套）藏品汇集成册，基本反映了淮南市博物馆馆藏文物的面貌和特点。

淮南市博物馆鸟瞰图

小孙岗遗址

一

淮南市全境地跨淮河，以淮河为界呈现两种不同地貌。淮河以南部分为江淮丘陵的最北端，有丘陵地貌特征；淮河以北部分属淮北平原的最南端，地貌丰富。南北皆水网密布，土地肥沃，气候宜人，十分适宜古代先民生活。据淮南市第三次全国文物普查数据资料显示，在淮南市境内沿淮河及其支流东淝河、西淝河、窑河、泥河、黑河、瓦埠湖，以及舜耕山、八公山、上窑山一带共发现古文化遗址34处，其中新石器时代遗址10处、商周遗址9处、汉唐遗址15处。早期遗址主要分布于淮河北岸和南岸的舜耕山南麓瓦埠湖一带。其中重要的遗址有小孙岗遗址、翻咀顶遗址、大古堆遗址和清明古堆遗址。小孙岗遗址位于潘集区高皇镇，是一处南距淮河3公里的高坡台地，南缘因修路呈断崖状，剖面暴露有大量红烧土、陶片、兽骨和少量石器。陶器以夹砂红褐陶居多，有少量红陶、黑陶和泥质灰陶，陶胎中夹有蚌末和炭末。圆锥形鼎足、圆柱形鼎足和口沿下带突棱的深腹釜是典型器，具有淮河流域早期文化的特征，时代距今大约7300～6600年，与蚌埠双墩、定远侯家寨新石器时代文化的面貌大体相当。淮河流域是我国南北方文化的过渡区域，既是分水岭又是两种文化的交流融汇地区。考古学界认为在淮河中游有可能存在一个或多个重要的区别于黄河、长江流域面貌的原始文化。小孙岗遗址即是目前已发现的淮河中游十分重要的早期文化遗址。较小孙岗遗址稍晚，淮河南岸有翻咀顶遗址以及大古堆遗址、清明古堆遗址。位于舜耕山以南，瓦埠湖一带的文化遗址，具有明显的早期南方文化因素，与舜耕山以北文化面貌有一定的差别，反映出淮南地区的早期文化构成较为复杂，是南北方文化碰撞、交汇并产生自身特色的地方区域性文化。

二

寿州窑遗址最早发现于20世纪60年代，是根据唐代茶圣陆羽所著《茶经》中 “寿州瓷黄茶色紫” 的记载，经实地考察后发现的。因唐代上窑一带为寿州所辖，故称为寿州窑。窑址主要集中于大通区上窑镇，是享誉中外的六朝晚期至唐末的瓷窑址。由于其地处我国南北方瓷器过渡的江淮地区，意义独特，因而备受中外古陶瓷学家的关注。

魏晋南北朝时期中国社会动荡不安，战乱导致人们频繁迁徙，这客观上促进了文化和经济交流。地处当时主要运输通道淮河岸边的上窑镇地区，由于瓷土丰富、燃料充足、交通便利，吸引了南来北往的窑工在此烧造瓷器。在这种特殊背景下产生的寿州窑，早期产品兼有南北方文化特征。从目前所掌握的实物资料看，寿州窑的烧造年代从南朝即已开始，至盛唐时形成自身独特风格，唐末因原料、燃料和市场的原因而衰落。

在我国陶瓷发展史上，各大名窑都以自己特有的风格和成就，引起当时和后世的关注。唐代，北方以邢窑白瓷最负盛名，南方则以越窑青瓷最具代表性，位于我国南北方过渡区域的寿州窑，以其独特的黄釉和风格跻身于唐代六大名窑之列，对当时及后世的制瓷业发展产生了积极而深远的影响。

寿州窑南依东洞山（上窑山），北沿窑河、淮河自东向西分布。其遗址自1960年2月发现以来，经多次调查，在我市境内发现隋代窑址1处，唐代窑址12处。近年来在舜耕山南侧金家岭附近又发现了一处唐代窑址，说明该窑繁盛时曾越过舜耕山发展到山南地区。1988年10月至11月，经国家文物局批准，安徽省博物馆、淮南市博物馆联合在上窑镇管咀孜窑址、医院住院部窑址、高窑窑址等处进行了科学发掘，开5×5米探方14个，揭露出部分窑炉遗迹，出土大量瓷器和窑具标本，基本揭示了寿州窑窑址的文化内涵。

管咀孜窑址，窑址瓷片堆积较薄。出土的文物以精美的大型盘口壶为主，壶高一般在50厘

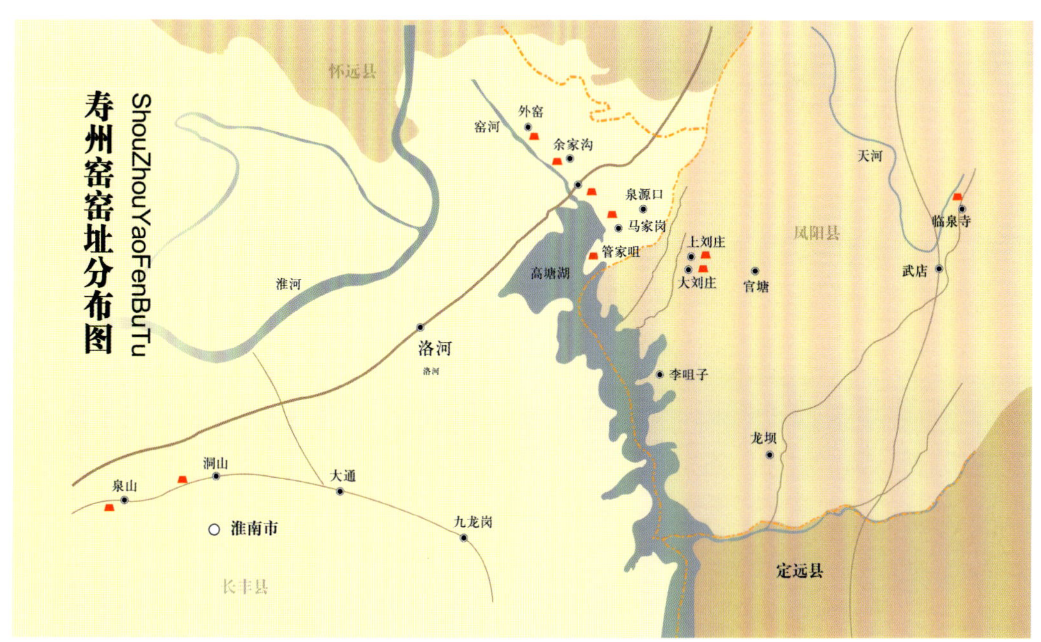

寿州窑窑址分布图

米，除已知的罐、瓶、盘口壶、盏以外，新发现了一些制作工艺上乘的高足杯、盂等小型器件。产品以还原焰烧成，胎质较细密，色灰白，釉层薄而透明，纹饰以划篦弧纹常见，此外还有几何纹、波浪纹、忍冬纹、贴花纹和受佛教文化影响的莲瓣纹，造型十分生动。

医院住院部窑址，文化层较管咀孜窑址要厚，一般在1米以上，因其在坡形台地上，虽距窑河很近，但保存较完整。主要产品有碗、盏、注子、枕、玩具等。从出土的标本看，该窑全盛时期规模很大。“寿州瓷黄”所说的黄釉瓷器在这次发掘中大量发现，有很高的工艺水平。特别值得一提的是在窑址中发现了各种釉色的瓷枕残器，尤其是酱红釉瓷枕残件十分珍贵。从大量的出土文物看，该窑址仍以烧造黄釉碗、盏为主。

高窑窑址与医院住院部窑址相邻，在发掘中发现一处窑床和部分窑门和窑室。窑室东西长约4米、南北宽约2.5米，四壁用砖、窑具匣钵等砌筑。

寿州窑位于窑河和淮河岸边，水路交通方便，其产品销往两淮地区和长江中下游地区。新中国建立以来在这些地区的古墓葬及生产建设中均发现不少寿州窑瓷器，在我市境内也屡有发现。寿州窑瓷器已为淮南市博物馆馆藏文物的特色之一。其中属于国家一、二级藏品的就有隋青釉四系盘口壶、唐黄釉璧形底盏、唐黑釉瓷注、唐黑釉瓷枕、唐黑釉胆形瓶等。本书收录的27件（套）寿州窑瓷器，基本上反映了寿州窑不同时期产品在制作工艺、形制、釉色和装饰艺术上的水平和特点。

《寿州窑》专题陈列厅

为了突出展示淮南地方古代文化特色，2008年9月淮南市博物馆制作完成了《寿州窑》专题陈列。在筹备陈列其间，工作人员先后多次在江苏、河南等省及本省各地，征集到一大批寿州窑瓷器，合肥收藏家王辉、郭红梅夫妇将多年来精心收集的几十件（套）寿州窑精品瓷器毫无保留地支持淮南市博物馆，令我们十分敬佩和感激。本书所选的隋青釉弦纹高颈四系盘口壶、唐黄釉鼓腹瓷注、唐黄釉狮形镇、唐蜡黄釉贴花枕、唐酱红釉四系瓶等寿州窑瓷器就是从各地征集到的佳品。

三

淮南市境内分布着众多的古墓葬。经第三次全国文物普查表明，在市境范围内分布有133座（群）历代古墓葬。通过长期的田野考古，基本上摸清了这些古墓葬分布的特点：先秦时期以及汉代墓葬集中分布在市域西部和南部，尤以李郢孜镇、唐山镇、杨公镇、曹庵镇最为密集。这一地区在春秋战国时是州来城、下蔡城、寿春城及汉淮南国郡治近郊，故地下遗存有大量古墓冢。其中，八公山以南淝水以北为战国小型墓葬区；以杨公镇、李郢镇为中心的地区是战国晚期大型墓葬区，现存的大型墓葬有楚相黄歇墓以及武王墩、大孤堆、小孤堆、闫氏孤堆等。此外还有在1933年被盗掘了的朱家集李三古堆楚幽王墓（该墓出土文物达4000余件，是楚文化考古研究的发端，也是重要的战国文物标准器。现淮南市博物馆收藏有该墓出土的铜鼎、铜豆等大型青铜器）；唐山镇西北侧一带为密集的汉代至六朝墓葬区，其中双孤堆墓葬区通过1987年考古发掘，初步推断为一西汉家族墓葬区。

新中国建立以来，为配合我市工农业生产建设，清理发掘的战国晚期至唐宋的墓葬有千余座。从发掘情况来看，战国至西汉早期墓葬形制特征以小型竖穴土坑墓居多，随葬器物有陶器、铜镜、铜剑、铜带钩、玉璧等，其中陶器组合以鼎、壶、钫、罐为主；西汉晚期至东汉以后则多流行砖室墓、石椁墓、石室墓，另有少量的画像砖、画像石墓。随葬器物一般以釉陶器为主，同时有少量的铜器、铁器、玉器、漆器等。陶猪圈、陶井、陶灶、陶鼎等各类冥器比较流行，而仿铜的陶器逐渐消亡。到东晋以后墓葬多随葬一些日用青瓷器，也偶见一些石俑。

战国早期蔡国国君蔡声侯墓的发现是新中国建立以来淮南地区最重要的考古成果之一。该墓位于原蔡家岗淮谢饭店旁边，现西城大市场北口附近。在南北向公路西侧原有两个高大的孤堆，俗称赵家孤堆，北侧墓葬经郭沫若、陈梦家、孙维雏、林沄等先生考证，确认为蔡声侯墓。南侧墓葬近年来有学者研究认为是蔡元侯之墓，尚未达成共识。这两座墓经1958、1959年两次发掘，共出土文物122件，计有青铜器112件、玉骨器等10件。其中重要出土物为一批战国早期

战国楚国春中君黄歇墓

蔡国、吴国、越国的兵器，在有铭文的8件兵器中，有蔡侯产剑4件、吴太子诸樊剑1件、蔡昭侯戈1件、吴王夫差戈1件、者旨於赐戈1件（者旨於赐，经容庚、马承源、林沄考释为越王勾践之子），铭文均为错金鸟虫篆文。

蔡国是春秋战国时期的一个弱小国家，在吴楚两国争霸的夹缝中生存。春秋末年亦即蔡昭侯十三年（公元前506年），蔡联吴伐楚，攻破郢都得罪了楚。为报亡都之仇，楚昭王复位后即攻伐蔡国，蔡国只得依吴避楚，于昭侯二十六年（公元前493年）自新蔡迁入州来，史称下蔡。迁都后历经五世，父子相传，经蔡昭侯、蔡成侯、蔡声侯、蔡元侯、蔡侯齐，终被楚灭，共计47年。1955年，在寿县西门内发现迁都之君蔡昭侯墓。赵家古堆的墓主蔡声侯是迁都州来后的第三位国君，其在位15年，下葬时间在公元前458年前后，为战国初年，墓葬出土遗物的形制、纹饰、铭文尚保留春秋时期的风格。50年来，国内外考古学家十分关注这批文物，郭沫若等一大批考古学家以及当代学者不断对其研究、考释，近年来更有美国、澳大利亚、日本等学者专程来淮研究，现这批文物已成为我国春秋战国之交文物鉴定的标尺。

唐山乡乳山双古堆西汉石椁墓出土的玉器，包括玉璜两件、玉璧一件、玉塞四件、玉印章一件。上左图是石椁墓现场；上右图是石椁打开后的现场；中左是玉璧出土时的情况；中右是玉璜、玉印出土时的情况。

考古发掘现场

1966年，在谢家集区唐山乡姜郢孜村南侧发现了唐太宗第十七子李元裕太妃崔氏之墓，这也是十分重要的发现。当时正处于“文革”的特殊历史环境下，文物被毁殆尽。该墓为大型砖室墓，有4个耳室，内放置有大量的唐三彩随葬器，墓壁有绘画。淮南市博物馆现仅存其墓志一合。上合篆书“唐邓国王太妃崔氏墓志”10字，下合字迹模糊，部分可识，与《唐书》记载大致相符。邓王李元裕系太宗李世民第十七子，贞观十一年（637年）改封邓王，崔妃名角圭，字叔质，博陵安平人。

上世纪70年代为配合工农业生产，共有三次较为重要的墓葬发掘。分别是：

1972年，在唐山乡李郢孜村北侧的刘家孤堆清理发掘了东汉大型砖室墓一座。该墓由墓门、甬道、前室、后室和耳室组成，整个墓室长达7.8米。出土了一大批随葬品，铜器有甑、釜、锅、洗、削、熨斗、带钩、顶针、盘、镜、尊等，铁器有剑、矛、削、火盆等，陶器有瓮、罐、坛、壶等，漆器有盘、碟、耳杯等。其中最重要的文物当属麻布纹酱釉瓷罐，其胎体厚薄均匀，釉色莹润，制作规整，工艺精湛，为我国瓷器发展史上由陶器向瓷器转化过程中颇具代表性的一件文物，经国家鉴定委员会认定，属一级文物。

1974年，在谢家集区红卫轮窑厂清理发掘了战国晚期至汉初的小型竖穴土坑墓9座。其中M4形制较大，保存完好，有长方形梯状墓道，出土了铜剑、戈、镦 镜、勺、洗、盉以及玉璧等随葬品，另有一套仿铜陶礼器，为鼎4件、钫4件、壶4件。这9座小型土坑墓随葬品的形制、风格、组合都还保留着明显的楚文化风格。

1975年，在大通砖厂清理发掘了明代洪武二十三年（1390年）砖室墓一座。该墓形制虽不大，但出土了一件元代龙泉窑荷叶盖柳条腹青瓷罐，与江西高安及韩国在80年代初打捞中国沉船中所发现的同类器物形制相同，代表了元代龙泉窑烧造工艺的最高水平，是一件十分珍贵的瓷器精品。

上世纪80年代至90年代，淮南市博物馆陆续发掘清理的墓葬更多，计有：安城下陈村东汉竖

2005年合阜高速公路考古发掘现场

2005年合阜高速公路考古发掘现场

穴土坑墓、乳山村双孤堆墓葬群、唐山乡乳山村钱郢孜墓、唐山乡第二砖厂战国晚期土坑墓、矿三院东汉石室墓等。

1986年发掘的安城下陈村东汉竖穴土坑墓，形制完整，未经盗扰，出土了一批东汉釉陶器，出土的昭明铜镜是西汉晚期最流行的铜镜。釉陶器以壶、罐、鼎为组合，多饰水波纹和宽弦纹。鼎形器底贴地，变成似鼎非鼎，似盒非盒的器形，是礼器衰败的缩影。

1987年4月至7月，为配合合（肥）阜（阳）公路建设，清理发掘了唐山乡乳山村双孤堆墓葬群，共清理发掘汉代竖穴土坑墓、土坑石椁墓12座。其中M11、M12出土文物十分丰富，共出土文物178件。M11长4.45米，宽2.84米，石椁木棺，北侧有坡形墓道，墓主为仰身直肢葬，腰下有一私人玉质印章，篆文“周安”。由于该墓未经盗扰，深挖深埋，骨架完整，保存相当完好，当石椁上盖打开时，遗物均可直观。随葬品计有陶器63件、铜器23件、铁器32件、玉器8件、泥币49件。在器物种类上，铜器有剑、矛、带钩、弩机、箭镞、镜，陶器有一套完整的仿铜陶礼器，为壶、钫、盂、盆、盒、罐等，上均有精美的彩绘。玉器有璜、玉塞、印、璧等。其中，两件大型玉璜，为当时省内发现的形制最大、制作最精美的玉璜，经国家鉴定委员会认定为一级文物；蟠螭纹博局镜，镜背是以方框和“TLV”纹组成的一幅完整的博局纹图案，与河北满城汉墓窦绾墓出土的“大乐富贵蟠螭纹博局镜”在铭文、纹饰、形制、规格上都基本相同。窦绾墓下葬于汉武帝太初元年（公元前104年），故可推断M11、M12属西汉武帝时期墓葬。这是我市自新中国建立以来发掘的最为完整、规模较大的西汉墓。通过对整个墓葬群的综合研究，发现各墓之间有文化的相通和承袭现象，尤其是M11、M12的文化内涵十分紧密，二者有较强的关联，M12略早于M11，应在西汉前期，初步推断该墓葬群可能为汉代时期的一处家族墓地。

近十年来，在合徐高速公路淮南连接线工程、合淮阜高速公路淮南段、合淮蚌高速铁路淮南段工程中先后发掘战国、汉代、六朝至唐代的历代古墓葬1000多座。其中在李郢孜园艺厂和孔店乡发掘的两座战国晚期“士”的中型墓，与上世纪70年代末省文物考古研究所在杨公镇发掘的战国晚期楚墓基本相似。但是，在杨公镇以东约20公里的孔店乡发现高等级楚墓还是第一次，这表明楚国贵族墓葬的分布比我们已知的区域要广泛得多。目前，这批新发现的材料正在后期整理当中。

本书收录上述考古发现中的重要出土文物，分为铜器、陶瓷、玉器、杂项四个部分，是建馆以来首次集册出版，其中大部分材料是首次公开发表。

淮南市博物馆馆长 沈汗青

2010年6月28日

Huainan Historical Relics Review

Huainan City with geographical advantages and abundant resources is located in the north-central region of Anhui Province. It is surrounded by mountains and rivers and the Huai River is running through the city from west to east. Huainan City, as one of the large scale energy base of China, is a bright pearl of Central Anhui. Huainan City has a long history. Be traced back to ancient times, our ancestors have been living on this land. As early as the Neolithic Age, human beings evolved here. The Huai Yi (a aboriginal tribe along Yangze River and Huai River) flourished here during Xia and Shang Dynasties. It became the capital of the Zhoulai State, Xiacai State and Chu State in turn during Zhou Dynasty. During Western Han Dynasty it was the fiefdom of Liu An, the king of Huainan who authored the epoch-making social encyclopedia, Huannanz. The Battle of Fei River, one of the most significant battles in the history of China, happened in Huainan during Eastern Jin Dynasty. During Sui and Tang Dynasties Huainan is famous for porcelain produced from Shouzhou Kiln. Many historical remains and historical relics distribute in Huainan City for it has a long history.

Huainan Museum founded in 1958, is one of the earliest municipal level museums controlled by provincial government in Anhui Province. Huainan Historical Relics Administration Office is established in 1986, so Huainan Museum, as "an institution two units", is responsible for protecting and managing museum collections and unmovable cultural relics of the Huainan City.

In the early 1990's, the Huainan Museum was located at Tianjiaan Area. Experienced many changes, the museum moved into the new building at middle Dongshan Road in August, 2008. For the past fifty years, the museum, which has experienced much effort of several generations, has become a large-scale comprehensive local museum and covers an area of 15.69 acres and building area of 10200 square meters. There are two permanent exhibitions, the Huai River Area Relics Exhibition and the Shouzhou Kiln Exhibition, and colorful temporary exhibitions, which make the Huainan Museum the important cultural publicity window of Huainan City. The Huainnan Museum holds a distinct and rich collection on bronzes of Shang and Zhou Dynasties and Shouzhou Kiln Porcelain of Sui and Tang Dynasties. The 136 historical relics selected vividly depict the feature of the collections of the Huainan Museum.

Part One

The Huainan City is divided into two parts with different topographies by the Huai River. The southern area which lies in the most northern part of Jianghuai hilly region possesses the feature of hilly topography and the northern part which lies in the most southern part of Huaibei Plain possesses a rich topography. Lots of rivers, fertile soil and pleasant climate distributed make the city suitable for human habitation. According to the data of the Third National Survey of Cultural Relic, there are 34 sites, including 10 Neolithic sites, 9 sites of Shang and Zhou Dynasties and 15 sites of Han and Tang Dynasties, found along the Huai River and its branches such as Dongfei River, Yao River, Ni River, Hei River and Wabu Lake and in the area of Shungeng Mountain, Bagong Mountain and Shangyao Mountain. The early sites mainly distribute along the north bank of Huai River and Wabu Lake, in which the most important sites are Xiaosungang Site, Fanjuding Site, Dagudui Site and Qingminggudui Site. The Xiaoshungang Site, a high platform 3 kilometers north of the Huai River, is located in Gaohuang Town, Panji Area. As a result of repairing road, the soil profile of the bluff-like south rim exposes lots of red earth fired, potteries, animal bones and small amount stone tools. The potteries which were made by mixing clamshell powder and carbon powder are mostly brown pottery mixed with sand, some red pottery, black pottery and gray pottery made of fine clay. The typical vessels found, which are the cone-shaped Ding feet, the cylinder-shaped Ding feet and Fu with deep body and ridge design under mouth, possess the features of the early culture (7300BC—6600BC) of the Huai River Valley, which is similar with the Neolith Culture in Shuangdun of Bengbu City and Houjiazhai of Dingyuan County. The Huai River Valley, the transitional region of the north and south cultures, is regarded as not the watershed but the region of communicating and blending of the north and south cultures. The archeologists hold a view that there may be one or several important primitive cultures different from the cultures of the Huanghe Valley and the Yangtze Valley. The Xiaosungang Site is the most important primitive culture of the Huai River Valley found for now. Later than the Xiaosungang Site, there are the Fanzuding Site, the Dagudui Site and the Qingminggudui Site in the south bank of the Huai Reiver. The sites located in the south of Shungeng Mountain and along Wabu Lake show obvious elements of the primitive south cultures, and are different from the sites in north of Shungeng Mountain. All the evidence proves that the primitive cultures in Huainan City are complicated and are a regional culture communicating and blending of the north and south cultures and with bright regional features.

Part Two

According to the records of The Classic of Tea written by Lu Yu of Tang Dynasty which is respected as the Sage of Tea, the Zhouzhou Kiln Site was found in 1960's through a lot of field work. The kiln was controlled under the Shouzhou government in Tang Dynasty, so it is called the Shouzhou Kiln. The Shouzhou Kiln, a renowned Chinese and foreign kiln site from the late Six Dynasties to the late Tang Dynasty, mainly distributed on Shangyao Town of Datong Area. Because of its special transitional geographic location, it is the researching focus of both Chinese and foreign scholars and experts.

The shaking society and frequent moves caused by war objectively promoted the communication of culture and economy during Wei, Jin and Southern and Northern Dynasties. The area of Shangyao Town with rich white clay, plentiful fuel and convenient traffic, which lied in the bank of the main transport channel, the Huai River, attracted a lot of kiln workers from both north and south to produce fine porcelain. Under the special background, the early porcelain produced from Shouzhou Kiln holds the features of both the northern and southern cultures. The valuable evidence found shows that the Shouzhou Kiln began to produce porcelain in Southern Dynasty, had achieved its own style till Tang Dynasty and had been declining from the late Tang Dynasty because of raw materials, fuel and maket.

In the history of Chinese porcelain development, each kiln is noted for its own style and unique charm. During Tang Dynasty, the white porcelain of Xing Kiln was the most famous porcelain in the north; and by contrast the celadon of Yue Kiln the most typical in the south. The Shouzhou Kiln in the transitional region of the north and south, listed in the six famous kilns of Tang Dynasty and noted for its yellow-glazed porcelain and own style, had had active and profound influences on the ceramics development of its time and later ages.

The Shouzhou Kiln distributes from east to west, south by Dongdong Mountain (or Shangyao Mountain) and north along Yao River and Huai River. Since it was first found in February, 1960, 1 site of Sui Dynasty and 12 sites of Tang Dynasty have been found through several investigations. Recently, another site of Tang Dynasty was found in the south of Shungeng Mountain. The evidence proves that the kiln had ever been prevailed to the south of Shungeng Mountain. The lots of porcelain vessels and incomplete parts of kiln and kiln furniture were unearthed from Guanjuzi Site, Hospital Site and Gaoyao Site which were excavated by Anhui Museum and Huainan Museum with the approval of the State Cultural Relics Bureau from October to November of 1988, revealing vividly the cultural connotation of the Shouzhou Kiln.

The Guanjuzi Site holds thin cultural layers of ceramic chip. The pots with dish-shaped mouth and 50 centimeter height are mainly unearthed. Except jars, vases, pots and small cups, the stem cups and water jars with excellent technique were first unearthed here. The vessels were made of reducing flame, so they appear close texture, grey color and thin transparent glaze. The most vessels are vividly designed with comb pattern and the few are designed with geometric pattern, wave pattern, acanthus pattern, applied floral and lotus flower.

The Hospital Site, which has been kept in a good condition for it is located in a slope-shaped platform far away the Yao River, holds a thicker cultural layers than the Guanjuzi Site. There are bowls, small cups, water droppers, pillows and toys unearthed here. The unearthed evidence shows the site had a large scale at its peak. The yellow-glazed porcelain of Shouzhou Kiln recorded in ancient books was found in abundance here and appears high technological level. It is worth noting that incomplete parts of porcelain pillows with various glazes were unearthed a lot, especially incomplete part of the brown-glazed pillow. The vessels unearthed prove that the yellow-glazed bowls and small cups were mainly produced in the site.

The Gaoyao Site is adjacent to the Hospital Site. A kiln floor and incomplete kiln entrance and kiln chamber were unearthed. The kiln chamber, 4 meters long and 2.5 meters wide from north to south, was built with brick.

The Shouzhou Kiln is located in the banks of the Yao River and Huai River, so the porcelain produced was transported towards the Lianghuai Area and the middle and lower area of the Changjiang River through convenient waterway. Since the establishment of PRC, the porcelain vessels of Shouzhou Kiln have been found in the area. The porcelain of Shouzhou Kiln is one of the typical collections of Huainan Museum. Among porcelain collections, the yellow-glazed small cup with flat-disk-shaped bottom, the black-glazed water dropper, the black-glazed pillow and the black-glazed in the shape of gall from Tang Dynasty are listed in the Grade One or Two Cultural Relics of the State. 27 porcelain vessels included in the book reveal the porcelain level and characteristics of Shouzhou Kiln on technique, form, glaze and design in different periods.

In order to highlight the features of ancient local culture of Huainan City, the Shouzhou Kiln Exhibition has opened to the public starting September of 2008. Many porcelains of Shouzhou Kiln collected in Jiangsu and Henan Provinces are firstly displayed in the exhibition. Special thanks for the couple of Wang Hui and Guo Hongmei in Hefei City who contributed their collections of Shouzhou Kiln to our museum. The celadon disk-shaped pot with bow string design and four handles in Sui Dynasty, the yellow-glazed water dropper, the yellow-glazed lion-shaped paper weight, the wax-yellow-glazed pillow with applied floral design and the brown-glazed vase with four handles in Tang Dynasty recorded in the book are the treasures of the collections.

Part Three

Lots of ancient tombs distribute in Huainan City. According to the data of the Third National Survey of Cultural Relic, there are 133 ancient tombs here. Through the field archaeology for many years, the distribution of the tombs has been known well. The tombs of pre-Qin Period and Han Dynasty are distributed mainly in the west and south of the city, especially gathering Liyingzi Town, Tangshan Town, Yangong Town and Cao’an town. The area belonged to the Zhoulai City, jXiacai City and Shouchun city in Spring and Autumn Period and Warring States Period and the Huainan State in Han Dynasty in succession. Among the area of Bagong Mountain, the small-scale tombs of the Warring States Period lie in the north of Nanfei River and the large-scale tombs of the late Warring States Period in Yanggong Town and Liying Town, including the tomb of Huang Xie, the prime minister of the Chu State, Wuwangdui Tomb, Dagudui Tomb, Xiaogudui Tomb, Yan Family Tomb and the tomb of theYou King of the Chu State at Lisangudui, Zhujiaji which was robbed in 1933 and yielded over 4000 funeral objects. (The discovery of the You King tomb is the beginning of the archaeological research of the Chu Culture and the objects are regarded as the important standard of the historical relics of the Warring States Period. The Bronze unearthed such as Ding and Dou are collected in Huainan Museum.) The tombs from Han Dynasty to Six Dynasties are distributed in northwest of Tangshan Town, including Shuanggudui Tomb which is concluded to be a family graveyard of Western Han Dynasty through excavation in 1987.

In order to support urban construction, over 1000 tombs from late Warring States Period to Tang and Song Dynasties have been excavated since the establishment of PRC. According to the archaeological data, the early tombs with the shape of small shaft tomb from Warring States Period to Western Han Dynasty unearthed potteries including ding, pot, fang and jar, bronze mirrors, bronze swords, bronze belt hooks and jade bi. The tombs with the shape of brick-chambered tombs, rock tombs and few stone relief tombs from late Western Han Dynasty to Eastern Han Dynasty yielded lots of glazed pottery and few bronzes, irons, jades and lacquers. The funeral potteries such as pottery pigsty, pottery well and pottery cooking stove were prevailed and the funeral potteries with the shape of bronze had been declining. In Eastern Jin Dynasty, some porcelain for daily use and few stone figurines were unearthed from the tombs.

The discovery of the Marquis Shen tomb of Cai in early Warring States Period is one of the important archaeological achievements in the area of Huainan City since the establishment of PRC. It lies near the Huaixie Hotel of Caijiagang (the present-day the northern entrance of Xicheng Maket). The two mounds in the western side of the road from north to south are known as the Zhaojiagudui. It was confirmed by the investigation of Guo Moruo, Chen Mengjia, Sun Weichu and Lin Yun that the tomb in the northern side was owned by the Marquis Shen of Cai. Some experts concluded that the tomb in the southern side was owned by the Marquis Yuan of Cai. The two tombs were excavated in 1958 and 1959 and yielded 122 burial objects, including 112 bronzes, 10 jades and bone tools. Among them the bronze weapons of the Cai, Wu and Yue States in early Warring States Period are the treasures, including a sword of Marquis Chan of Cai, a sword of Prince Zhufan of Wu, a Ge of Marquis Zhao of Cai, a Ge of King Fuchai of Wu and a Ge of the Prince Zhezhiyuci of Yue which all inscribed with bird and insect script inlaid with gold.

The Cai State was a weak state during Zhou Dynasty. In the thirteenth year of Marquis Zhao of Cai (506 BC), the Cai State conquered the capital of the Chu State with the help of the Wu State. In order to take revenge for the conquest of the capital, the Kiang Zhao of Chu started wars against the Cai State after his restoration. The Cai State was forced to relocate to Zhoulai, also called Xiacai, from Xincai in the twenty-sixth year of Marquis Zhao (493 BC). Through 47 years of five kings, Marquis Zhao, Marquis Cheng, Marquis Shen, Marquis Yuan and Marquis Qi, it was eventually extinguished by the Chu State. The Marquis Zhao Tomb was discovered in the West

Gate of Shou County in1955. The Marquis Shen, the owner of Zhaojiagudui, is the third ruler after moving to Zhoulai, which ruled the Cai State for 15 years and died in about 458 BC. As a tomb in early Warring States Period, the burial objects are all kept the style of the Spring and Autumn Period on shape, design and inscription. The Chinese and foreign experts have been interested in and researching the burial objects for fifty years. Some American, Australian and Japanese experts came here to research in recent years. The burial objects are regarded as the standard of the historical relics during late Spring and Autumn Period and early Warring States Period.

The tomb of Li Yuanyu's wife was found at Jiangyingzi Village, Xiejiaji Area in 1966, which is an important archaeological discovery. Under the special background of the Great Cultural Revolution, the burial objects were destroyed. It is a large-scale brick-chambered tomb with 4 chambers and painting decoration on walls and is put into lots of Tang tricolor porcelains. The epitaph with inscription 10 characters of"Tang Deng Guo Wang Tai Fei Cui Shi Mu Zhi" on the upper part is collected in Huainan Museum. Li Yuanyu, the seventeenth son of Emperor Taizong, was titled the Deng King in the eleventh year of Zhenguan and his wife with family name "cui" and name "Jiaogui", was a native of Anping, Boling.

There are three important tomb discoveries in 1970's.

The brick-chambered tomb of Eastern Han Dynasty was excavated at Liujiagudui, Tangshan Town in 1972. The tomb with 7.8 meters long, is made of gate, passage, front chamber, rear chamber and side chamber, and yielded lots of burial objects including bronzes, irons, potteries and lacquers. Especially, the brown-glazed jar with textile impression, noted for its excellent technique, is one of the most typical vessels revealing the development from pottery to porcelain in the history of ceramics and listed in the Grade One Historical Relics by the State Commission of Identification.

The 9 small-scale shaft tombs from late Warring States Period to early Han Dynasty were excavated at Hongwei Annular Kiln Factory, Xiejiaji Area in 1974. The No4 Tomb with rectangular ladder-shaped passage was kept in good condition and unearthed bronze swords, Ge, mirrors, Xi, jades and a set of ritual vessels including 4 dings, 4 fangs and 4 hus. The tombs clearly show the style of the Chu Culture on shape.

The brick tomb of the tweny-third year of Emperor Hongwu of Ming Dynasty was excavated at Datong Brick Factory in 1975. The celadon jar with lotus-leaf-shaped cover and wicker-shaped body of Longquan Kiln in Yuan Dynasty, which is a precious treasure and similar with those unearthed in Gaoan of Jiangxi and Korea in 1980's, reflects the high level of technique and style of Longquan Kiln in Yuan Dynasty.

From 1980's to 1990's, the tombs excavated by the Huainan Museum are the shaft tomb at

Xiachen Village, the Shuanggudui tomb group at Rushan Village, Qian Yingzi tomb at Rushan Village, the shaft tomb in Warring States Period at No.2 Brick Factory and the stone tomb in Eastern Han Dynasty at No.3 Mine Hospital.

The shaft tomb of the Eastern Han Dynasty was excavated at Xiachen Village in 1986 and unearthed lots of glazed porcelain, which was kept in good condition. The bronze mirror with inscription “Zhao Ming’ was popular in late Western Han Dynasty.

The Shuanggudui Tomb Group at Rushan Village was excavated from April to July of 1987 for supporting the road construction. There are 12 shaft tombs, yielding 178 burial objects in M11 and M12. Two jade Huang in the shape of the largest scale and with high technique are listed in Grade One Historical Relics by the State Commission of Identification. They are the most complete and large tomb of the Western Han Dynasty in Huainan City.

In recent 10 years, there are 1000 ancient tombs discovered. The two shi-shaped tombs in late Warring States Period at Gardening Factory and Kongdian Village similar with the Chu tomb at Yanggong Town show that the tombs of the Chu State are distributed extensively in Anhui Province. The related information will be published.

In this book, there are five parts: Bronzes, Bronze Mirrors, Ceramics, Jades and Miscellaneous Articles. The museum collections are published for the first time since the establishment of the museum and many collections are fist published.

Shen Hanqing
Curator of Huainan Museum
28 June 2010

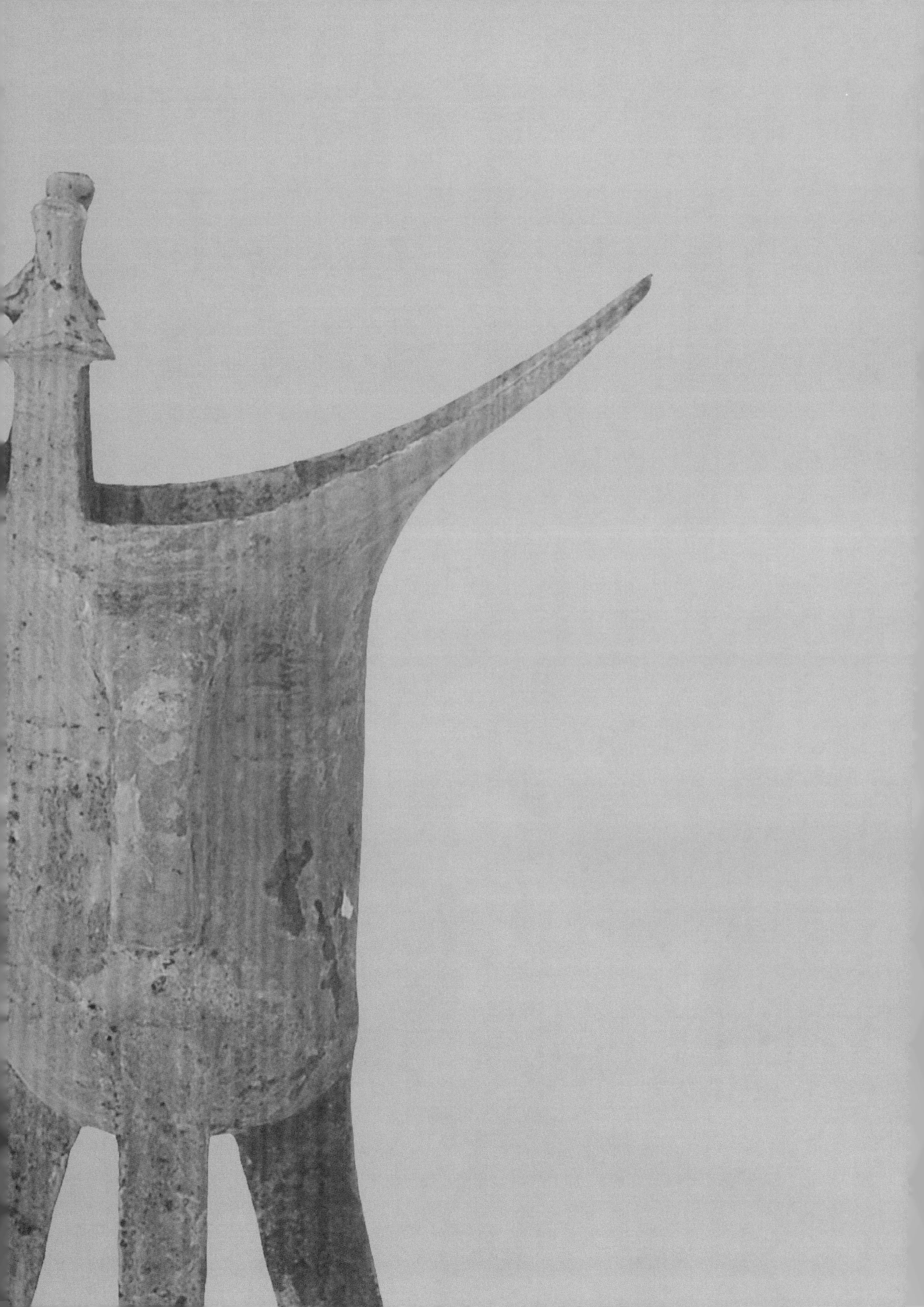

铜器篇
Bornzes

商（公元前16～前11世纪）
通高36.1厘米，口径17.3厘米，足高12.3厘米，重2650克
本馆旧藏

兽面纹斝

侈口，束颈，颈腹分段明显，腹鼓出，底略突。下承三个三棱形空锥足通腹，三足高而宽大且稍外撇。口沿上立一对较大的帽状柱，柱顶饰涡纹。弓形扁鋬。颈腹各饰三组一周的兽面纹，上下对称，形成双层兽面纹，每组兽面纹上下边各饰一周联珠纹为廓。

斝流行于商代至西周早期，到西周中期以后则逐渐消失。斝的功用为盛酒行祼礼之器。《礼记·明堂位》："灌尊，夏后氏以鸡彝，殷以斝，周以黄目。"根据其体型及足部高大的特征看，斝也应具备温酒功能。此斝造型端庄，颈腹分段，腹部鼓出，颈腹结合处形成肩状，口沿上立有高大的帽形柱，一改早期流行的菌状柱。曲线勾划的纹饰粗犷，上下以联珠纹为栏，扁平弓形鋬内可见铸造范线，三棱空锥足不如商代后期的外撇程度大，时代应为商代中期前段。（文：沈汗青）

商（公元前16～前11世纪）

通高18.5厘米，足高7.6厘米，重626.6克

本馆旧藏

兽面纹爵

口沿较薄，短流尖尾，卵形腹，流腹相交处置两菌形柱，较短，上饰涡纹。腹部微弧，扁弓形鋬，圜底，锥形三足。腹部饰一周夔龙纹，以雷纹为地。

爵为饮酒器，也有人认为是温酒器，最早出现于二里头文化时期，是目前所知最早的青铜酒器。商至西周时期流行，西周中期以后在北方中原地区基本不见。按器身大致可分为三类：一是束腰式，腰部束收，主要见于二里头文化期；二是腰腹分段式，腰壁较直，腹部骤然凸起，流行于商代；三是卵形式，腰腹合为一体，形似动物之卵，流行于商代晚期至西周。

该器器型较为成熟，流和尾的长度比例接近，流口较宽，口沿上立两短柱，呈菌形。腹部所饰兽面，目纹清晰，其角回环多转，形象较为具体，为商代中晚期典型器。在淮南地区发现此类中原同时期典型器物，表明商代统治者的统治范围一度包括淮河流域地区，这与殷墟卜辞的征人方至于淮的记载是相印证的。（文：吴琳）

商（公元前16～前11世纪）
通高22.7厘米，口径15.3厘米，底径8厘米，重772克
本馆旧藏

兽面纹觚

觚是饮酒器，或兼有盛酒的功能，为商代礼器。始见于商代早期，流行于商代中晚期，西周早期开始衰落，随后漆木觚逐渐代替了青铜觚。觚大致有两类，为粗体和细体之分。粗体觚流行于商代早、中期，商代中期以后流行细体觚。此觚的造型属细体觚类，时代在商代后期偏早。形制为高体束细腰式，中段明显收缩，下腹突出，鼓腹，上饰二对称兽面，二兽面中部的范线贯穿口部和圈底座。虽然兽面纹因地下埋藏久远而模糊不清，但其挺拔优美的造型仍让观者有无限的遐想。（文：沈汗青）

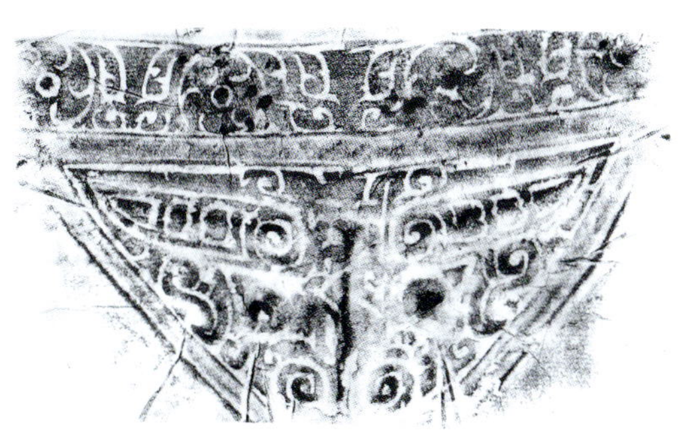

商（公元前16～前11世纪）

通高16.5厘米，口径14厘米，足高5厘米，重867克

本馆旧藏

饕餮纹锥足分裆鬲

口侈，腹壁较直，腹下分裆，浅袋足，下有三锥形足，较矮。颈部饰一周纹饰带，上有四个涡纹；三袋足上饰饕餮纹，角根横向，角尖上翘，形似牛角，两目呈乳丁状，中间鼻梁微凸，构成左右对称的兽面图案。

鬲是炊粥器，其造型源自新石器时代的陶鬲。《尔雅·释器》指款足鼎谓之鬲，《汉书·郊祀志》谓鬲就是空足鼎。青铜鬲最早出现在商代早期，西周中期以后很盛行，在墓葬中常成组出土，春秋中晚期时各区域文化开始凸现，鬲的局部形制有了一些变化，显现出地方特色，在南方楚文化区域就出现了所谓楚式鬲。到了战国晚期，青铜鬲从祭器和生活用器的行列中消失。鬲的形体大致可分为两类，一是分裆鬲，即裆与足对应分三份，足上至裆部交界明显，流行于西周早期；二是联裆鬲，三足接裆处相联无明显分界，流行于西周中期以后。

本器为分裆鬲，袋形腹，三锥足较矮，早期特征较为明显；颈部涡纹，最早见于夏代晚期，商代早期很普遍。此器涡纹有明确的火焰，饰在炊煮器的颈部，为商代晚期到西周早期的风格。而腹部的饕餮纹，牛角的特征十分明显，以鼻梁为界轴对称的构图方式，也是商代晚期至西周早期盛行的手法。（文：吴 琳）

商（公元前16 ～ 前11世纪）
通高21.2厘米，柱高4.5厘米，重856.5克
本馆旧藏

牺首鋬弦纹爵

流口较宽，尖尾，扁平弓形鋬，上端饰一牺首，凸目立耳；直腹，圜底，三锥足，流腹相交处置两伞形柱，上饰涡纹，腹饰三周凸弦纹。

爵是最早出现的青铜礼器，《说文·鬯部》：“爵，礼器也，象爵 雀 之形，中有鬯酒。”其一般形状为前有流，后有尖尾，中为杯，一侧有鋬，下有三足，流与杯口之际有柱。早期爵鋬是不加装饰的，后期多饰一牺首；柱有菌形、帽形，或蟠龙、蟠蛇等形多种，而以菌形最普遍。此爵器型瘦高而优美，腹壁较直，为商代晚期常见形式。（文：吴 琳）

商（公元前16～前11世纪）

通高21.4厘米，流宽4.6厘米，柱高4.4厘米，足高10.9厘米，重900克

本馆旧藏

牺首鋬弦纹爵

整器较高，宽槽流，尖尾，流腹相交处置两菌形柱，柱帽顶端有一钮状凸起，支柱呈四棱形，较高。卵形腹，下腹略大，圜底，下承三锥足，剖面呈“T”字形，扁平弓形鋬，上端置一牺首，刻画两圆目，牛形角。（文：吴 琳）

商（公元前16～前11世纪）
长20厘米，宽4.9厘米，重275克
本馆旧藏

商（公元前16～前11世纪）
长21.5厘米，宽7.6厘米，重310克
本馆旧藏

有阑直内戈
无阑直内双穿戈

其一：前锋钝，呈弧线。援宽而长；有上下阑，两阑上下在一直线上，阑处无穿；长方形内，内上有不规则小方穿，内的外短边线为弧线；戈头无脊，截面呈椭圆形，戈头廓线流畅，具有明显的商代早期特征。商代的早期戈有上下阑，没有胡与阑穿，而上下阑多为短柱形，功能就是使戈头牢固的缚于柲上。这件商代青铜戈造型较为典雅、简素，当为仪仗时使用的戈，出土数量少，较为珍贵。

其二：援阔而较短，援末有二长方形穿；内长方形，中部有一不规则方穿，内明显比戈头短，外边线为弧形；无阑；戈头中部有一直线凸脊，前锋较钝。通体素面无纹，制作较工整。锋、援部分没有明显的使用痕迹。是一件较典型的商代晚期戈。

戈属勾兵类长兵器，为钩杀兵器。由戈头、柲、柲帽、鐏四个部分组成。始见于二里头文化期，最初为玉制，不是做兵器使用，仅是等级与权力的象征物。商代青铜戈出土数量少，主要来源于贵族墓葬中。（文：文立中）

西周（公元前1046～前771年）

通高20.4厘米，口径19厘米，重1720克

本馆旧藏

涡纹鼎

该器整体造型精致秀气。立耳，双耳微外曲，耳薄。敛口，折沿，方唇。浅腹，腹壁较薄，腹最大径在下部，腹上由涡纹构成四组图案，均匀分布器身一周。平底，三细长柱状足，每个柱足内侧有竖槽，足底平。从立耳、垂腹、三柱足来看，时代当为西周时器物。青铜鼎是烹煮肉食的器具，是青铜礼器中的主要食器。在古代社会中，还用它来“明尊卑，别上下”，被用作统治阶级等级制度和权力的标志。（文：陶志强）

西周（公元前1046～前771年）

1. 长10.9厘米，重96克

2. 长16.8厘米，重332克

3. 长6.4厘米，口径4.6厘米，重78克

4. 长6.5厘米，径5.2厘米，重98克

本馆旧藏

车軎

其一：軎呈粗柄蘑菇状，顶端为一铜泡，上饰涡纹；圆泡下弧形内收，自上而下饰蕉叶纹和以雷纹地衬托的夔龙纹，中间置一方形孔，以便插辖。

其二：軎呈长筒形，一端粗一端细。通体饰以雷纹地，也分饰蕉叶纹和夔龙纹。下部辖孔较大。

车軎是套在车轴两端，用以加固车轴的器具。据考古发现，我国早在商代晚期已出现青铜軎，并且一直流行到西汉前期，此后便用铁铸造了。车軎的出现和车马制度密切相关，西周时期，车马除了继续被用于作战以外，还被作为等级身份的体现物。据礼书记载，从周王到诸侯、卿大夫，依据其身份的不同，车子的结构、驾马的数量、车马器的形制、车子的装饰等方面都有严格的区别。到春秋战国时期，拥有战车的数量还成为衡量列国军事实力的标志之一，故有“千乘之国”、“万乘之国”的说法。该器从其纹饰和装饰看，使用者是有一定身份等级的。此批车軎形制简约，纹饰为夔龙纹和蕉叶纹，是西周早中期常见的装饰风格。

（文：吴 琳）

西周（公元前1046～前771年）
长14厘米，宽9.4厘米，高10.5厘米，715克
本馆旧藏

凤鸟形器盖

仿鸟造型，头部高高昂起，冠呈火焰状，喙弯勾，颈有一箍，体呈扁体方形，羽翅贴附体侧，尾部较短，为两羽三角形的短尾，在两短尾翅之间置一环形提梁，仅留两个，其余失。底部为盖口沿，直。此器盖通体模铸纹饰，纹饰清晰且繁密，十分精美。

凤鸟作为一种纹饰常见于西周早中期，有人甚至将西周早期到穆王、恭王这一时代称为凤纹时代。该器从凤鸟身下的口沿、尾部的环形提梁来看，很有可能是卣一类的酒水器。虽为残器但不失珍贵，它造型生动，如水凫畅游于湖面，悠闲自得。通体纹饰，铸刻精细，反映了西周时期青铜器作为礼器的重要特性。

（文：吴 琳）

西周（公元前1046～前771年）

高19.1厘米，口径18.7厘米，底径14.3厘米，重16500克

本馆旧藏

蟠虺纹折肩尊

大口喇叭形，口沿外侈，直束颈，折肩，圆鼓腹，高圈足外撇。自颈部下端至腹部以下满饰细密的蟠虺纹，间以弦纹、雷纹；另在肩部均匀分布四只动物纹，动物圆目，两前肢上举，后腿屈蹬，似为蛙纹。

尊为高体的大型或中型的容酒器。形体可分为有肩大口尊、觚形尊、鸟兽尊三类。其中有肩大口尊的器形，初始当与陶质或原始青瓷的大口尊有关，出现的时代较早；大口筒形尊或称觚形尊，其变化式样在商代晚期到西周早中期比较流行；鸟兽尊，为走兽形的容酒器，按其具体形状，有牛尊、象尊、羊尊、鸟形尊等。

该器为有肩尊向觚形尊的过渡器型，本为商至西周早期器型。但由于出土在长江以南地区，且文化面貌与中原地区有一定差异，在文化上有滞后性现象；再观其纹饰：细密、繁缛，为中原同时期不可见，乃是越文化青铜器中常见的纹饰，故蠡定其时代为西周晚期至春秋早期。肩部蛙纹，前肢上举，后肢屈蹬，也不同于常见蛙纹。此器出土于20世纪50年代末皖南屯溪土墩墓中，应是屯溪本地土著文化的产物。（文：吴 淋）

春秋（公元前770～前476年）

高46.4厘米，口径45.7厘米，重20400克

本馆旧藏

窃曲纹鼎

该器器型硕大，端庄厚重，方厚立耳微外撇，折沿方唇，平缘，圆腹，圜底，三蹄形足，上端各置一短扉棱。腹饰一周变形窃曲纹，上下以凸弦纹为界。

鼎是在新石器时代陶鼎的基础上发展而成的，历经各个朝代，一直沿用到两汉乃至魏晋，是青铜器中行用时间最长的，因而变化也很大。根据青铜器铭文和古文献记载，不同类的鼎在祭祀宴飨时用途也不相同，分别标明了不同的用途、形状以及异称。按形体大致可分为方形鼎、鬲形鼎、圆形鼎、异形鼎。方形鼎、鬲形鼎流行于商代，圆形鼎自商代以后盛行不衰，其形制也最为纷繁，是鼎的主体。

该鼎为圆形鼎，立耳弧形外撇，广口，三蹄足较矮，流行时间较长，从西周晚期直至春秋早、中期在中原都有发现；腹部纹饰，似雷纹，但其两端有尖角，为窃曲纹的简化变形，此种纹饰在西周晚期至春秋早期是比较流行常见的。（文：吴 琳）

春秋（公元前770 ~ 前476年）

通高45.3厘米，口径34.1厘米，重12000克

1954年安徽省寿县蔡侯墓出土

弦纹兽足鼎

该器造型端庄大方，失盖。子母口，直沿，方唇，附双大耳。腹部较深，腹下部内收，圜底，三兽蹄足，足上段饰兽面，面目狰狞，中段细长向内曲，下段为蹄形，为春秋晚期器。鼎是古代饪食器，用于烹煮或盛鱼肉以供祭祀或宴享之用。最早出现于二里头文化时期，商周时期最为盛行，一直沿用到汉、魏时期。在青铜器中使用时间最长，形制变化较大。（文：陶志强）

春秋（公元前770 ~ 前476年）

高10.3厘米，直径9.8厘米，重858克

1959年淮南市谢家集区蔡家岗赵家孤堆出土

卷云纹軎辖（2件）

軎的上端呈九棱形柱状，顶面饰卷云纹，在接近辖处有一道凸弦纹，凸弦纹下饰三组卷云纹纹饰带。軎是套在车轴的两端用以加固轴头的器具。形状一般呈长筒形，一端粗，一端细。辖顶上一般有兽头装饰，插入轴末端的方孔内，以防车轮脱出。辖与軎一般配套使用。青铜軎早在商代晚期出现，流行于西周，一直到西汉前期，以后便使用铁铸造了。（文：陶志强）

春秋（公元前770～前476年）

长15厘米，重142.5克

1994年7月淮南市唐山乡出土

短胡戈

前锋较锐，援偏宽，短胡，阑处有两个长方形穿，内的长度仅是戈头长的三分之一。内正面饰卷云纹，但漫漶不清。内的外短边为斜线。戈头内端面上饰有蟠螭纹。

此戈形制十分少见，在阑与内有一用作穿柲杆的铜套，内的末端上有族徽式的纹样。说明此戈的使用者具有一定等级身份，并代表着某一氏族。此戈制作工整、精美，戈体轮廓线遒劲流畅，具有明显的春秋早期特征。（文：文立中）

1. 春秋（公元前770～前476年）
长57.5厘米，宽4.7厘米
本馆藏品

2. 战国（公元前475～前221年）
长60厘米，宽4.5厘米，重844克
1993年10月唐山乡打击盗墓收缴

3. 战国（公元前475～前221年）
长51.4厘米，茎长8.9厘米，重528.2克
1958年淮南市蔡家岗出土

1.圆茎无箍剑
2.尖峰束腰剑
3.粗茎双箍剑

其一：该剑圆茎中空至首部，剑体起棱脊，剑腊下段略宽，腊上端略收狭。格较薄，断面呈菱形，脊两侧的从部渐斜至锷部，锷与从形成锋利的窄斜面。茎部至剑首有合范形成的范线。

该剑保存完好，造型风格具有春秋晚期吴国文化特征，安徽省青阳县博物馆即收藏有同类形制的铜剑。春秋晚期，蔡国迁都州来，即今寿县一带，是为下蔡。蔡本是依附楚国的小国，转而投靠吴国，使得吴、楚相伐。淮南地区出土此件吴国兵器，印证了文献记载。（文：沈汗青）

其二，锋较长尖锐，两刃前侧内敛，隆脊，格面较窄，断面呈菱形，圆茎较粗，茎中部偏前有两个圆箍。首为圆饼形，内凹，呈喇叭形。剑体横截面呈菱形。两从呈斜坡状，由格至锋渐内收。剑体轮廓线流畅，格、箍、首制作较精巧，是较为典型的战国时期楚式剑。

其三，锋较短尖锐。两从前端窄，最宽处在近格处。格面窄而格体小巧，呈菱形。圆茎较粗，近中部茎上有两箍，箍为环状。首圆饼形，内凹，呈喇叭形，剑身中部起一凸脊。剑身横截面呈菱形。该剑轮廓线流畅，端庄典雅，颇有神威之气。具有典型的战国晚期楚剑风格。

剑是古代贵族或将士随身佩带用以自卫防身，进行近距离格斗，属可斩可刺的短兵器。青铜剑始于商代中晚期，春秋晚期至战国最为流行。剑分为剑身、剑把两个部分。剑的尖突称“锋”。中部的一条线形凸起的棱称“脊”，脊两侧称“从”，从两面的刃称“锷”，合“脊”与两“从”称“腊”，剑把称“茎”，“茎”、“腊”连接处呈凹形称“格”，又称“镡”，“茎”末端的圆形内凹的部位称“首”，绕在“茎”上的绳称“缑”。春秋战国之际，随身佩剑有表示身份等级之意。《考工记·桃氏》记载，上士、中士、下士所佩的剑长短重量各有差异。汉代以后，由于铁剑的流行，青铜剑的使用渐衰。（文：文立中）

战国·楚（公元前475～前221年）

通高11.7厘米，口径11.8厘米，重1850克

本馆旧藏

“王”字铜量

方唇，直口微敛，直壁，平底。腹中部有一圆环形鋬，鋬左侧上方有一阴刻“王”字，“王”字左下方有阴刻铭文，字迹模糊，不可释读，为后刻文字。器体厚重规整，内外通体均有绿色铜锈。

此量为战国楚国官用量器。淮南地区共发现5件铜量。1933年朱家集李三孤堆楚王墓中出土三件，1976年凤台发现一件，与此器形制基本相同，其上有铭“郢大府之口”，“大府”被认为是楚国掌管度量衡的机构。此铜量保存完好，实测容积为1125毫升，是李三孤堆出土小量的五倍。刻铭“王”字粗犷有力，是铸造后为彰显使用者权威在特殊状况下所刻。另在腹壁上也有铭文，但线条浅细，手法稚嫩，疑为后代伪刻铭。

该器为模范浇铸，接范口在与执手对应的90°处，贯穿周身，范线清晰，执手鋬为分铸后嵌入合铸而成。该量作为先秦时期的官用量器具有十分重要的科研价值。（文：沈汗青）

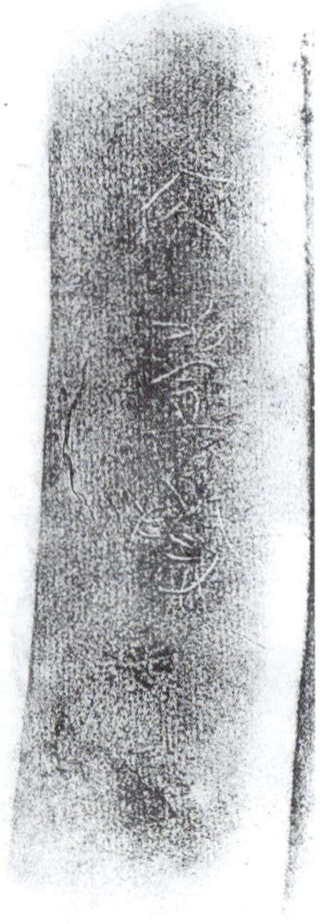

战国（公元前475 ~ 前221年）

通高35.5厘米，口径29.4厘米，腹径34.5厘米，柱高20.7 厘米，重11800克

1933年杨公镇朱家集李三古堆楚王墓出土

铭文兽足盖鼎

该鼎出土于战国后期楚国国君楚幽王墓，墓主人也有考列王王后之说，其墓位于淮南市杨公镇朱家集。1933年春，当时隶属于寿县朱家集一带的豪绅对李三孤堆大墓发动了一次大规模盗掘，出土数千件重要文物。1938年，主政安徽的李品仙再次盗掘该墓。这批文物抗战时期被辗转运往武汉、成都、乐山避难，抗战胜利后运回南京，1948年由安徽省文献委员会派人接回故乡。据有关材料统计，保存下来的主要是铜器，大多收藏在安徽省博物馆，少数分藏于故宫博物院、国家历史博物馆、上海博物馆、天津博物馆、寿县博物馆、淮南市博物馆。这件圆鼎是其中一件，口沿下阴刻三字铭文：[illegible]，待释。该器造型端庄挺拔，具有楚国晚期青铜器的典型特征，其精湛的铸造工艺和口沿下方的刻铭是研究楚国晚期历史的重要实物资料。（文：沈汗青）

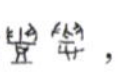

战国（公元前475 ~ 前221年）

通高26.2厘米，口径18.6厘米，足高16.1厘米，重4336克

1996年8月淮南市唐山沙里岗砖厂出土

兽足弦纹盖鼎

圆鼓腹，饱满，有盖。盖面以两周弦纹分成三区，正中有桥形系钮座，本应有提环，缺失。外弦纹上均匀置三个小伏兽，兽首曲颈向下；子母槽口，外沿有两个心形环状束耳，是采用分铸法插进鼎腹合铸而成的。腹中部凸起有棱角的弦纹，圜底上有烧结使用痕。

该鼎造型俊秀，具有浓郁的战国楚国晚期文化特征。与鼎腹相联的三兽足十分精美，上端兽首造型奇特，形如饕餮，头部高起向内卷曲的角，朝下的大嘴，口衔直立的柱形蹄足，两目怒视，十分威猛。柱形蹄足由七个斜面构成，上宽下窄，渐收至蹄足底部。整器造型精美，虽是战国晚期遗物，仍散发着浓厚的楚文化韵味。（文：沈汗青）

战国（公元前475～前221年）
通高13.8厘米，足高12.8厘米，口径12.5厘米，重400克
1992年12月淮南市唐山乡第三砖厂出土

圆腹细高足鼎

该器腹部呈扁鼓形，子母口，失盖。两个小附耳略向鼎内倾斜，三足修长，小蹄足，足部通体出脊，将足部分成两个斜面。该鼎采用分铸法浇制。腹壁较薄，附耳与腹体为一次模铸而成，三足则采取分铸法。因器壁较薄，为加固足部与胎体的结合，在内外都增加了铜料。

该鼎造型秀美，三足细长，有典型的南方文化特征，单薄的造型也反映出到战国后期青铜礼器衰微的面貌。（文：沈汗青）

战国（公元前475～前221年）

长13.7厘米，重95.2克

1973年11月淮南市谢家集区赖山桂家小山墓出土

蹄形鐏

上端为扁圆筒状，口呈椭圆形。上部与下部结合处为扁夔龙首状，一侧外伸勾状为夔鼻。下端部分为蹄形，蹄足面微弧。

鐏始出现于商代，初期多为木质，至春秋基本为青铜制。它不仅有保护柲末不受损伤的功能，另有士卒持戈、戟时可拄地作用。此鐏做工精巧，造型典雅、庄重，颇有神威感，具有明显的战国时期特征。（文：文立中）

战国（公元前475～前221年）
长15.8厘米，重224克
1972年10月淮南市谢家集区唐山公社九里大队征集

错金蹄形鐏

鐏端口为不规则椭圆形。上半部为筒状，正面近下端处有一不规则方孔穿，似为固定柲杆穿钉用途。上半部与下半部结合处为夔首造型。下半部为蹄状造型，底为平面。鐏中部一侧饰有外凸的卷云纹。

商和西周时，鐏仅是用来护柲末的；西周以后，它不仅实用，还注重装饰性；至春秋战国，鐏体上出现了错金、错银的装饰。该鐏通体错金，以动物纹、植物纹、卷云纹、几何纹装饰，十分繁缛，有华丽之感，神威之形粲然于目，轮廓线流动感强，浑然一体，制作工艺精湛。从其工艺制作，装饰纹样判断使用者具有较高等级的身份地位，该器具有明显的战国时期特征。（文：文立中）

战国（公元前475～前221年）

长22厘米，胡12.5厘米，内长9.8厘米，重277.7克

1972年淮南市谢家集区红卫轮窑厂M4出土

狭援内刃戈

前锋为弧形，较钝。援长而狭，前侧援较宽，而后侧较窄。胡长短适中，较援为短。援、胡刃处锋利。有阑，阑的上下有三个长方形扁穿。戈头上翘，截面呈菱形。内为抹角长方形，上翘，内前端有一缺口，穿外周侧饰有两个连体的双条形鸟纹。戈头中部有凸起的脊。

战国时期的戈，有狭援狭胡、狭援刺胡、内刃、狭援胡单刺、狭援胡双刺等多种类型。这件戈，为战国时期楚式戈。轮廓线流畅，有动感，刃部锋锐，制作工艺精湛，造型挺秀。（文：文立中）

战国（公元前475 ~ 前221年）

长11.7厘米，宽3.3厘米，重154.6克

1972年10月谢家集区唐山公社九里大队征集

错银筒形镦

镦口椭圆形，窄唇，纹饰分上下两区，二区内分别饰有一条舞起的夔凤纹。镦体正面上端有一较宽的圆形箍，箍面上饰有云纹。纹饰线条流畅，简洁，夔凤栩栩如生，有动感，制作精美，堪称同类器中的佳品。镦是矛柲末的金属饰物，不仅有装饰作用，而且尚有拄地持柲功能。商代镦以木质制作常见，时至春秋及以后各朝代均是青铜制作。普遍使用于春秋战国、汉魏。该镦时代为战国晚期，楚式风格。（文：文立中）

战国（公元前475～前221年）
长17厘米，重77.6克
1972年3月20日谢家集区红卫窑厂M2出土

宽骹狭刃矛

骹较为宽大，两侧呈弧形坡面。刃部锋锐，叶狭长而均匀，脊凸起，刃下端的本作圆弧形，骹的正面偏下侧有一桥形钮，近钮的下端有一不规则的方形穿，椭圆形銎，骹的上端正面饰双线“王”字。矛的前锋因使用形成弧面。矛通体线条流畅，造型典雅端庄。

矛始见于新石器时代，商周以后普遍使用，是一种长兵器。新石器时代，矛头为石质，商代出现玉质矛头、青铜矛头，但数量较少。商代以阔叶刃、圆口方骹双系等形制矛较常见；春秋以阔短叶长骹无系、阔短叶长骹单系、长叶刃等形制的矛头较常见；战国以宽骹狭刃、细骹狭刃等形制矛头为常见。此矛时代为战国晚期，是十分典型的越式矛。（文：文立中）

战国（公元前475～前221年）

高4.4厘米，口径9厘米，重316.5克

1985年8月于谢家集区征集

卷云纹提梁炉

直口，方唇，浅腹，腹壁微鼓，腹壁上部附有对称的两组双环耳，耳中贯穿连环提链，用于悬挂。平底，下有三蹄足。器腹满饰卷云纹，纹饰繁缛精细，炉体秀气，是一件日常生活用器，采用分部模铸后合铸而成。（文：陶志强）

战国（公元前475～前221年）

高5.3厘米，长7.1厘米，重234.3克

本馆旧藏

卷云纹错银独角兽

整体造型小巧精致。独角兽呈躺卧状，四肢蜷曲，体态矫健。昂首远望，双目炯炯有神。头上长有一根粗壮尖角，角端弯曲。兽体错银廓线，以卷云纹装饰。独角兽即獬豸，是我国古代传说中的神羊，见人争斗即以角触不直者，所以能辨曲直。古代法官戴的帽子饰以獬豸，称之为“獬豸冠”。此器底部有短榫扣，应是某器物上的饰件。（文：陶志强）

战国（公元前475～前221年）
高25.6厘米，口径14.2厘米，底径11.4厘米，重2200克
本馆旧藏

双环耳豆

失盖。直口，束颈。豆盘较深，鼓腹，腹下部内收，腹上饰对称环形耳，圜底，圆柱状柄，上粗下细，下内束，饰三道凸弦纹，柄座呈倒置的喇叭状。战国晚期李三孤堆楚王墓出土。豆，是一种古代盛食器，专为盛放腌菜、肉酱等调味品的器皿。陶豆出现于新石器时代，青铜豆出现于商代。西周时的豆腹浅，束腰，无耳，无盖。春秋以后豆增多，侧有二环耳，下具高足。战国时期，器腹变深，常以偶数与鼎相配。（文：陶志强）

汉（公元前206～220年）

通高21.7厘米，口径19.4厘米，重4350克

1992年12月4日唐山乡第三砖厂出土

附耳蹄足盖鼎

器合盖呈球形。穹窿盖，中置一兽钮，外围模印三周凸弦纹，弦纹间间隔饰羽状纹两周，三只瑞兽等距环列于盖上，呈蹁卧状，形象逼真，神情昂然。鼎子母口，口沿外附方耳，圆腹，圜底。腹外侧附三蹄足，足上端较肥厚，中部渐细，足跟外撇。口沿下饰一周羽状纹，下以凸弦纹相承，与盖纹饰呼应。该器腹较厚，器形敦实稳重，繁简适宜，比例匀称，堪称佳品。（文：陶志强）

汉（公元前206～220年）

高5厘米，口径3.5厘米，重114.1克

1985年8月谢家集区征集

弦纹小盖鼎

有盖，呈球形，盖上立有三环形钮。子母口，内敛，方唇，腹上部近口沿处有两附耳，外张，线条优美。腹饰一周凸弦纹，最大径在器腹中线，下部内收，圜底，三兽蹄足，腹壁较厚。出土时器内部装有花椒调味品。该器造型小巧精致，可置于掌中，是目前发现的最小的铜鼎。（文：陶志强）

汉（公元前206～220年）

高30.6厘米，口径10厘米，底径12.8，重3000克

1992年12月4日唐山乡第三砖厂出土

蕉叶几何纹壶

敞口，方唇，长颈，溜肩，肩置一对铺首衔环，其中一环残缺。鼓腹，腹下部内收，圈足。壶腹壁厚薄均匀，上饰四组繁缛的几何纹和羽翅纹，间以双弦纹，纹饰细密精美，布局巧妙。壶体古朴大方，造型精致优美，整体流畅飘逸。

壶是古代盛酒器，也有盛水之用。基本形状为长颈，鼓腹，圈足，有盖，有的有提梁或双耳。铜壶早在商代早期就已出现，流行于商周时期。据铭文，有的作汲水器用，可称汲壶；有的盘壶连称，或自铭“盥壶”。壶作为古代礼器的一种，在历史上发挥着独特的功用。（文：陶志强）

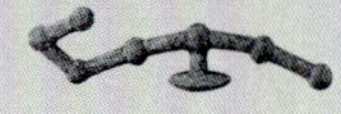

汉（公元前206～220年）

长13厘米，重90克

1975年11月征集

北斗七星带钩

折状钩首，钩身由七个小球体连接，似北斗七星，故称。该器造型奇特、新颖、简洁、实用，实属少见。带钩最早为北方草原民族使用，春秋时传入中原并沿用至汉代。由钩首、钩身、钩钮三部分组成，古人用于束腰或钩挂饰物，相当于现代人用的皮带扣，多为男性所用。带钩不仅为日常所需，更是身份地位的象征。（文：汪茂东）

1. 汉（公元前206～220年）
长15.3厘米，重950克
本馆旧藏

2. 魏晋
长12.4厘米，重754克
本馆旧藏

1. 高望山弩机
2. 矮望山弩机

其一，高望山，弩体上面有三个凹槽，凹槽等距；牙面为弧形，两牙位于体上面正中部。望山正面中部起凸脊。体的下部呈长方形，悬刀外端斜宽，两侧榫轴外突较长。

其二，体窄短，有郭，望山向前倾斜，悬刀较长，正面有铭，文“卿作口”。榫轴短，外突处呈泡钉状。弩体上面后端短，前部较长，两牙缺损，悬刀的铭文下端有一圆形小穿。

弩机是木弩的铜制机件，置于弩的后部。弩在春秋晚期出现，流行于战国、汉、魏。春秋战国时期的弩机无郭，汉以后均有郭。其一造型浑厚，体较长，有郭，是较典型的西汉时期之物。其二小巧、清秀，较西汉弩机明显轻便、简练，是典型的魏晋时期的弩机。（文：文立中）

纹饰展开示意图

汉（公元前206～220年）

高29.8厘米，腹径17.6厘米，重1250克

本馆旧藏

花草几何纹直颈壶

直口，厚圆唇，细长颈，溜肩，扁垂腹，腹下部急内收，高圈足。壶体自口至腹下錾刻17层热带花草纹和几何纹，精细繁缛，优美典雅。有学者研究认为，铜长颈壶基本出土于两广境内，陶器类均出土于岭南地区，说明长颈壶应为岭南所造。北方出土的此类器物应是买卖或馈赠所致。因为铜长颈壶多有繁华的细线錾刻纹饰，其形制当属高级礼物或贵重商品，此壶就是这种情况。（文：陶志强）

战国（公元前475 ~ 前221）
直径13.7厘米，厚0.4厘米，重164.8克
1957年淮南市唐山公社邱家岗出土

四山纹镜

圆形。三弦钮，三重方钮座，座周饰四叶纹，主纹为四山字纹，间饰四花，并以羽纹为地。窄斜素镜缘。该镜纹饰布局细致，主次分明。

战国时期，青铜礼器日渐衰落，而日用器中的铜镜却光芒四射。山字纹镜在战国时十分流行，在南方常见有三山、四山、五山、六山纹铜镜，尤以四山纹铜镜为多。镜中的“山”字，其寓意有不同解释，一般认为是从青铜器上的勾连雷纹演化而来，另有人认为山在中国古代往往与稳定、安静、养物等观念结合在一起。在圆形镜面上以三个或数个“山”字纹作纹饰，是比较难以排列布局的，但是我们现在见到的每一面“山”字纹镜均十分匀称美观，古代工匠技艺之精巧可见一斑。山字纹镜多以羽状纹、草叶纹做地纹，而以动物纹做地纹的比较少见。此镜四个山字均朝左向倾斜，避免了构图的呆板，产生了律动；虽然单个“山”字缺少平衡，但整体有一种旋转的韵律。方形钮座四角伸出四个柿蒂纹，四山之间饰四瓣花蒂纹，下层再以细密的羽状纹铺地，使观者感受到镜面纹饰繁缛精细，有强烈的美感。该镜胎体轻薄，能够保存如此完好十分难得。（文：沈汗青）

战国（公元前475～前221）

直径15.7厘米，厚0.6厘米，重230克

1987年12月淮南市谢家集区红卫轮窑厂出土

四山瑞兽镜

圆形，三弦钮，以双层方形宽带为座。镜面通体以精美的羽状纹为地，呈四方连续排列，四山纹粗壮有力，以鹿形瑞兽间隔。鹿做回首状，小短尾，三足落地，右前腿抬起弯曲，身饰鳞状斑，造型生动。"山"字向左倾斜，中间一笔向左伸向镜缘，两侧的竖画上端向内折成尖角。宽缘。

该镜制作十分规整，模范精细，为战国晚期楚国铜镜。此镜1987年在淮南市谢家集区红卫轮窑厂发现时已残破，后经修复完整。山字纹镜中饰瑞兽类纹饰的十分少见，尤显此镜珍贵。（文：沈汗青）

战国（公元前475 ~ 前221）

直径13.6厘米，厚0.5厘米，重148.5克

1958年淮南市谢家集区唐山公社九里大队出土

羽状地花叶纹镜

圆形，三弦钮，方钮座，镜面满饰羽状纹。此镜采用四方连续图案方法，羽状纹两两相对应，横置排列成十行，羽翅的对应间有十分密集细小的小乳突，共三行六列，与羽状纹、主纹形成三层纹饰。主纹是从方形纽座四角向外伸出的相互垂直的花叶瓣，形如反“L”形，每支上有两个心形花弯曲后成长叶状，共八花四长叶。宽缘卷沿。

羽状纹，也有学者称之为变形羽状兽纹、羽翅纹等，是截取蟠螭纹躯体的一部分为一个长方形，有规律连续排列形成的四方连续图案。这种图案在装饰镜背的时候常常布满镜背，密集而整齐，有较强的装饰效果。此镜纹饰精细繁缛，但不失雅致，是文化特征较明显的楚式镜。（文：沈汗青）

汉（公元前206～220年）

直径18.5厘米，厚0.75厘米，重518.5克

1988年11月淮南市上窑镇征集

"大乐富贵"四叶蟠螭纹镜

圆形，三弦钮，弦纹钮座，背部由两个双绳纹圆圈分成两区。中心区域饰双螭纹，外区为铭文带，铭文为篆体"大乐富贵千秋万岁宜酒食"，间隔一个鱼纹。双绳纹圆圈带伸出四株三叠式植物纹，将外区分成四等份，每区饰一组蟠螭纹。蟠螭张口，小圆眼，眼上置一长角，两爪向左右舒张，身体盘旋弯曲。

该镜为西汉早期铜镜，形制较大。纹饰用并行三条凸起的细线构成，线条流转圆畅，细腻而繁缛。蟠螭纹下有不均匀的斜线纹和羽状纹做地，保留战国羽状地的特点。四组叶纹和四组蟠螭两两相对，十分匀称。主纹外饰一周突起的绳纹。镜缘窄而高卷。（文：沈汗青）

汉（公元前206～220年）
直径13.7厘米，厚0.4厘米，重341.2克
本馆旧藏

草叶纹日光镜

圆形。圆钮，四叶纹钮座，钮座外有凹弧面大方格，格内有铭文一周：“见日之光天下大明”，四角各有小方格，上饰短斜线。外区在大方格的四角各伸出双瓣一花苞纹，四乳丁居大方格中间位置，将外区四分，乳丁两侧各一对单层草叶纹。镜缘为凸起的连弧纹，向内环绕，共计16组。

日光镜流行于西汉早期到中期，较星云纹和博局纹铜镜要早，反映了西汉时期社会稳定清静无为的审美趋向，与战国晚期繁缛神秘的蟠螭纹相比，更贴近自然和现实生活状态。汉代用花叶纹装饰铜镜，与唐代花鸟纹镜有异曲同工之妙，都是对生活领悟的写照。（文：沈汗青）

汉（公元前206～220年）

直径11厘米，厚0.4厘米，重217.5克

1958年淮南市谢家集区唐山公社出土

连峰钮星云纹镜

圆形，连锋式钮，又称之为博山炉式钮，由七乳构成。钮边有凹弧面卷曲形成的花瓣纹，花纹外有一周略微凸起的弦纹。钮座外环绕向内弧的小连弧纹，以斜栉纹包围一周。中区主纹饰四分，四个较大的乳丁之间有五枚小乳丁，形成四组星云纹，每区以三弦曲线相连，五枚小乳丁以三弦小曲线从外侧包围。四个星云区呈四组弧边。外区与中区间以斜栉纹环绕，镜缘以十六组向内弧的连弧纹装饰。

星云纹镜，又名百乳镜。一般认为，星云纹镜出现于汉武帝时期，流行于西汉的宣昭时期。西汉中期以后少见。制作工艺在汉镜中是比较精良的。因其纹饰状如星云，所以有星云纹之说。（文：沈汗青）

汉（公元前206～220年）
直径14.3厘米，厚0.7厘米，重460克
2006年6月淮南市谢家集区赖山窑厂砖墓出土

"上大山见仙人"铭博局镜

圆形，圆乳钮，方形钮座。自内向外共有七层纹饰：座外方格内有十二小乳丁成方形排列。小乳丁间有十二辰铭，其中"午"字铭漏，疑为模范不清所致；直线方框，呈"V"形槽；中区主纹饰由博局、八乳划分为四方八区，依次是青龙配禽鸟、朱雀配神鹿、白虎配独角兽、玄武配羽人 羽人为侧身嬉戏状 ；一周环铭："上大山见仙人食玉英饮澧泉驾交龙乘浮云宜官秩保子孙"；中区与外区间隔以栉纹和锯齿纹；宽缘略高，缘上饰以云气纹。

博局镜，又名规矩镜，流行于西汉中晚期至东汉早期。博局镜的定名源于国家博物馆所藏铜镜拓本"刻娄博局去不祥"。淮南博物馆所藏此镜与前所述铜镜时代相当，大致在王莽到东汉早期。博局镜在各地出土较多，南北方均有。其"TLV"纹饰在很多的日晷和六博上都有，汉代盛行博戏，有六黑六白棋子，二人对博。此镜是博局镜中的佳品，虽出土于小型砖室墓中，但纹饰精美，品相甚佳，由于地下保存条件较好，镜面纹饰如同刚刚脱模，十分夺目，实属难得。（文：沈汗青）

东汉（公元25 ~ 220年）

直径19.55厘米，厚0.5厘米，重762.5克

1958年淮南市唐山公社出土

龙虎纹镜

此镜形制较大，纹饰繁缛精美，是东汉时期铜镜中的珍品。

圆形，乳丁钮座。中区有一高浮雕硕大盘龙，环绕乳丁与虎对峙，龙虎皆饰突起的羽状纹。龙纹形态较虎纹要大，二兽均大张口、怒目、侧身，龙爪弯曲，龙后羽展开，卷曲至虎首下。此镜高浮雕、细线与面结合，遒劲有力，十分生动。中区与外区间以双细线弦纹。外区六个四叶柿蒂座小乳丁分成六个环绕区。一、二区各饰一匹飞马，前马张口回首，后马张口低首，马首后鬃毛直立，两飞马鬃前有反文铭，应是马的自铭："赤诵马"和"王桥马"。三区饰螭龙，侧身，头部有后飘长角，做飞奔状。四区饰鸟瞰状螭龙，龙首伏于腹上，双目怒视。独角后甩。五区饰长颈回首状龙，张口圆目。六区饰正面螭龙，口部夸张有巨齿。中区与外区饰双弦纹，间以环绕的栉纹。镜缘饰变形勾连螭纹。

作为神兽的龙，能巨能细，能幽能明，兴云作雨，降妖伏魔，是吉祥、英勇和尊贵的象征。虎为百兽之王，可保佑安宁、镇祟避邪，两兽相聚，可谓"生龙活虎"。也有学者将这种左龙右虎的铜镜称之为"龙虎交媾镜"，反映了东汉道学思想阴阳调和的"中和"观念。（文：沈汗青）

东汉·建安二十年（公元215年）
直径11.6厘米，厚0.5厘米，重186克
本馆旧藏

三段式神兽画像镜

圆形，圆钮，钮外环绕一周小乳丁纹，主纹分为三段，分段明显：第一段西王母居中，跪坐姿势，身穿宽袖窄衣，头上梳两个隆起的发髻。右侧为东王公，面向西王母笼袖而坐，左侧为一神人，做奏乐侍从状；第二段为两神人，在乳丁钮两侧对称安坐，面部略向内偏；第三段位于乳丁下，为两个昂首神人，呈奏乐状，两神人后各有一侧身神像：左侧神人为老者态，饰冕，身体卷曲成龙形，龙身向上翻卷至东王公，右侧为一神龙，龙首在上，龙身向下卷曲。镜缘铭“吾作明镜，幽湅三商，官克…虎，天皇五帝伯牙单琴，吉羊……白虎青龙建安二十年”。

此镜属西王母群仙画像镜。西王母神话最早见于《山海经》，传说因周穆王在十三年时到瑶池拜会了西王母。神兽镜主要出土在长江以南地区，淮河以北鲜见，主要在浙江会稽一带，其纹饰题材基本上是反映道家神仙。铭文建安二十年是公元215年，已至东汉末年。（文：沈汗青）

唐（公元618～907年）

直径16.9厘米，厚0.35厘米，重494克

1960年淮南市唐山公社出土

双鸾双瑞兽镜

圆形，圆钮，八瓣莲花圆钮座，钮与镜缘间饰双鸾双瑞兽，缘扁平，较宽。双鸾体型姿态大致相同，左侧平首，右侧低首，前翅振，后羽高卷。

铜镜发展到唐代达到了高峰，尤其是唐高宗至唐德宗的百余年时间里，铜镜制作达到了最高峰，无论是工艺、形制，还是花纹内容皆千变万化。鸾是古代传说中的神瑞之鸟。《山海经》中记载："其状如翟而五采文，名曰鸾鸟，见则天下安宁"。双瑞兽，上侧形如飞马状，但仔细观察，有角，有短羽，有学者识为是独角兽，下部瑞兽形如飞狮，头部特征明显。此镜纹饰简洁而生动，当属此期的代表作品。（文：沈汗青）

唐（公元618～907年）
直径21.7厘米，边厚0.5厘米，重1150克
1960年淮南市工农公社出土

六花枝镜

镜面主体纹饰为六枝花环绕，花形为二种三组。其一为向外绽开的五瓣形大花，其中两朵大花一小花蕾，下部衬小花叶；其二，三朵上卷的大花朵，两边加以侧开花朵，下部饰花叶。圆钮外置三小鸟、三小花枝相间环列的纹饰。镜面给人以一派繁盛富贵的吉祥景象，唐镜的纹饰风格复杂多变，涉及到山水、人物、花鸟等各个方面。此镜镜面纹饰主题纹样突出，间以小花小鸟，增加了变化和韵味，是唐代铜镜工艺制作高峰时期的作品。（文：沈汗青）

唐（公元618～907年）

直径11.8厘米，厚0.5厘米，重292克

本馆旧藏

双鸾双鸟葵形镜

此镜为八出葵花形，圆钮。主纹饰四分，两侧各有一只鸾鸟，两相曲颈对应，振翅而立，两鸟立于覆莲之上，鸾鸟颈部系有绶带，高高飘起，绶带呈蝴蝶结，十分美观。上下区饰两只对应向右飞起的绶带鸟，上区鸟口衔树叶，叶小有果实，下区鸟口衔绶带，绶带十分飘逸，长尾卷起。边缘以四小花四飞蝶相间环绕，置于镜缘每处正下方。

唐代铜镜金属配比中锡的含量增大，镜面向外凸出合理，可照全人面，由于制模精准，使得花纹清晰，是盛唐经济、文化进步的写照。青鸾衔绶是唐镜中常见的主题，鸾鸟象征富贵吉祥与琴瑟和谐，绶带寓意长命百岁、加官进爵。（文：沈汗青）

陶瓷篇
Ceramics

战国（公元前475～前221年）

高22.8厘米，口径20.3，底径17.7厘米

1973年淮南市谢家集区红卫轮窑厂出土

原始青瓷罍

直口，矮直颈，宽平肩，鼓腹，腹下束收，平底。肩与腹中部装饰竖条形宽带纹，环布周身，肩上有对称的两个小环状系，系两侧饰有两组谷纹。胎色灰中泛红，胎体较薄，质坚密。施青釉，色泛绿，釉层较薄，下腹及器底露胎。应属浙江地区窑口烧造。

原始青瓷流行于商代到战国时期。以前曾被称为“釉陶”。其釉以铁为着色剂，在还原焰中高温烧成。由于氧化气氛的影响，大多呈青中偏黄或黄褐色。原始青瓷是瓷器生产的早期阶段，它与东汉以后的成熟瓷器相比，烧成温度偏低，吸水率稍高，制作工艺也比较原始。此罍造型端庄，工艺精湛，是原始青瓷器中的代表性作品。（文：沈汗青）

汉（公元前206～220年）

高26.5厘米，宽14.6，厚10.2厘米。

2009年12月淮南市东西部第二通道建设工程李郢孜镇廿店村段墓葬出土

笼袖跽坐陶俑

灰陶质。此俑面部丰满，长细眉，丹凤眼，目低垂，隆鼻，小口紧闭，似为女性；发式为中分后拢，直梳于脑后，垂至肩下，卷成发髻；着二重服袍，皆为右衽，外罩袍长于膝，袖宽大，双臂下垂，两手笼于袖内，自然搁置在膝上。

俑为跽坐式，神态安详、庄重，头部略向前倾斜，能够感觉人物温顺并有些惶恐的神态。跽坐，即为席地双腿并拢跪坐，是我国古代流行的一种坐式。先秦至汉代时期，我国尚未使用有一定高度的桌、椅、板凳，在社交场合，均须跽坐，否则被认为失礼。一般认为，俑是替代人殉的偶像，是一种明器，也是文明进步的产物。发展到汉代时，俑的形象日益丰富多样，有婢仆俑、侍俑、伎乐俑、武士俑等。从此俑谦卑的造型看，应属于侍俑的范畴。（文：沈汗青）

汉（公元前206～220年）

直径9.5厘米，厚4厘米

2005年11月合阜高速公路淮南段谢家集区唐山镇九里岗出土

印花灰陶铃

灰陶质，圆饼形，中心高于边缘，横截面呈梭形，陶铃表面模印纹饰，由两道凸弦纹将每面分为内外两个区域。内区以圆心为轴分置四兽，外区分置八兽。以小乳丁纹装饰空白处。纹饰疏密有致。布局规整。铃体内部空心，胎体较薄，有小陶粒置于其中，轻摇有“叮铃”之声，清脆悦耳。（文：刘继武）

东汉（公元25～220年）

高23.95厘米，口径16.9厘米

1972年淮南市唐山乡九里岗砖墓出土

酱釉瓷罐

口微敛，短颈，丰肩，圆腹，腹下束收，平底微内凹。罐口稍有变形。内外通体施酱褐色釉，釉层不均，腹上部釉层厚，釉面光亮，腹下釉层薄，少光泽。釉下密布细网格纹。底无釉，露土红色胎，胎体较薄。烧造温度高，扣之有金属声。

该器是我国陶瓷发展史中由陶向瓷发展过程中质变的典型器，是早期成熟瓷器的标尺性器物，具有里程碑意义。我国瓷器成熟于东汉中晚期，在浙江上虞上林湖小仙坛发现数处烧造瓷器窑址。该器20世纪70年代发现于一座大型砖室墓中，时代明确，完整如新。

该罐具备了用瓷石作原料、施釉、烧造温度达1200℃以上、吸水率小的瓷器烧造基本要素。但从口沿略有变形的形态上观察，也反映出早期瓷土配方不科学，在高温下略有变形的情况。此器通体饰细网格纹，非常细密，似为粗麻布压印形成，但令人不解的是周身都找不到粗麻布的接缝处，成为一个待解的谜。

早期成熟瓷器多见青釉瓷，酱釉、黑釉稀少。此器通体施酱釉，由于上部釉层较厚，发色光亮，下部釉层薄，显得光泽较弱，上部较厚的釉有自然向腹下流动的痕迹，判断该器曾施过二次釉，在当时釉料十分珍贵的情况下，工匠显然是将该器作为一个精细产品制作的。酱釉的形成是氧化铁在还原气氛中烧成后急速冷却形成的，是早期单色釉中的重要品种。上世纪80年代，国家文物鉴定组看到这件光亮如新的瓷罐时，啧啧称奇。如今，这件珍贵的瓷器已成为淮南市博物馆镇馆之宝之一。（文：沈汗青）

东汉（公元25～220年）

高24厘米，口径11.2厘米，底径18.2厘米

2009年9月淮南市东西部第二通道工程建设唐山镇沙里岗段出土

六系麻布纹青釉直腹瓷罐

直口，口下内收，短束颈，口部略呈小盘口状，斜溜肩，上饰一圈竖向多达67组的划篦弧组成的纹饰，繁密细致。肩与腹相连处形成脊线，自肩至腹下有四周弦纹。肩下饰四个对称的横置系，可看到窑工用手紧固系与腹粘结的痕迹，腹部中下侧处对称置两个竖向系，罐体周身饰细方格麻布纹。釉色青黄，肩部略显褐色，施釉至足下，底部略向罐内凹陷，胎色灰白，质细密。

该罐出土于一座东汉多室砖墓的耳室中，同时还伴出了一件青釉直颈瓷罐，釉色饱满，楷口沿处有残。东汉六系罐出土较少，二系、四系多见。此件青釉直腹罐整器最大直径在底部，造型敦厚，装饰精美。溜肩上所饰划篦弧纹与周身清晰的方格纹及四道弦纹，使整器有布满纹饰的美感。其釉层单薄，尚不均匀，局部稍有脱落的斑点，还保留有早期刷釉的特征。腹下约有2厘米宽的露胎处没有任何滴釉现象，釉与露胎处形成一周分界线。同墓出土的另一件四系直颈罐采用的是蘸釉法，滴釉明显，说明刷釉与蘸釉方法在当时已经并行。从器物造型、工艺判断，应是早期越窑系产品。（文：沈汗青）

西晋（公元265～316年）

高18.7厘米，口径10厘米，底径11厘米

1979年淮南市毕家岗出土

越窑青釉堆塑鸟纹复口罐

复口，外口宽大，呈斜直撇口状；内口直立，平沿，内、外口之间形成凹槽，槽底有两道细弦纹。钵形盖，覆扣于内口之上。束颈，圆肩，鼓腹，腹下斜内收，平底内凹，肩饰三道弦纹，并贴塑四个模制鸟形系。鸟形系面向罐体，勾首曲颈，圆目竖冠，展翅张尾，喙啄于罐肩，爪抓于罐腹，呈惊飞状，造型写实生动，极富动感。四系间各贴塑一铺首衔环。通体施满釉，釉面肥润。器底露胎，胎色乳红，质细密。

该罐是西晋时期越窑的代表性作品，此时越窑瓷器已相当成熟，尤其罐类器物，形制多样，但此类鸟纹铺首装饰，仅见此例。该器形制规整，在口沿边、槽底、肩、腹等处均饰细弦纹，口沿上的平面棱角分明，制作精细，四个小铺首仍保留汉代遗风，施釉均匀，代表了当时越窑瓷器高超的烧造水平。这种形制的陶瓷罐在江淮一带至今仍有使用，俗称“泡菜坛”，内外口之间的凹槽可注水，隔断罐内的氧气，实用功能强。（文：沈汗青）

南朝·陈（公元557～589年）
高15厘米，口径5.9厘米，底径6.5厘米
1988年11月淮南市上窑镇马岗村金钱宝捐赠

寿州窑青釉四系细颈盘口壶

此器是目前已发现的最早的寿州窑产品。

小盘口，细束颈，颈与肩部结合处有一周弦纹，斜溜肩，肩部四个对称的桥形系。长鼓腹，平底。施青釉，色泛黄，至腹下，有蜡泪痕。器内满施釉，釉面较薄，有细小开片，胎体灰白，质较细，平足。一般认为，寿州窑创烧于南北朝中晚期，目前已发现的窑址时代最早的是隋代窑址，主要位于上窑镇管咀孜和相邻的凤阳武店一带。据捐赠人口述，该器出土于马岗村附近的砖室墓，马岗村距管咀孜窑址约1.5公里，出土这件盘口壶的墓葬有可能是窑工墓。

该器整体造型规整，有典型的南朝时期的文化面貌。其四个小桥系制作是以手工捏塑而成，不十分规整，到隋代，寿州窑的系均为双股系，是该窑口的标志性符号，盘口壶也演变成器形高大，装饰精美的特色产品。此器发现于管咀孜窑址附近，又是目前仅见的早期产品，足以证明寿州窑至少在南朝时就已经创烧，更显此器弥足珍贵。（文：孙梅）

隋（公元581 ~ 618年）

通高35.5厘米，口径13.3，底径12厘米

2009年3月于扬州征集

寿州窑四系高细颈弦纹盘口壶

整体造型修长，腹部呈长鼓腹状，颈部细而长。盘口口沿外撇，沿唇部边缘有一圈凹弦纹，盘口下伸出平底并出棱角。长细颈向下渐粗，上部饰三周凹弦纹，颈腹联接处也饰一周凹弦纹。在颈部下方与肩相联处置四个对称的双股系。圆溜肩，腹部中间有接胎痕，可以看出，整器是由颈、上腹、下腹三部分相接而成。腹下也饰有一道凹弦纹。胎体厚重，紧密，色呈淡灰红。整器饰青釉，有细小开片。在盘口和颈部凹陷处产生色釉窑变。

该器造型十分美观，是隋代南北方各窑口都流行的常见器型。在寿州窑管咀孜窑址曾大量出土这种器物的残件。从残器看， 有些盘口壶可高达50厘米以上，反映出这种器物有盛水或盛酒的广泛用途。

（文：沈汗青）

隋（公元581～618年）

通高26.7厘米，口径13.8，腹径19.7，底径10.7厘米

1972年元月于淮南市唐山九里大队征集

四桥系大盘口壶

该壶盘口深而大，时代特征鲜明。颈部修长，饰两周凸起弦纹，颈下渐粗。腹部呈球状，圆溜肩上置四个对称的方形桥系，棱角分明。通体饰青黄釉至腹部下方。胎色偏红，胎体细腻且坚实。

隋代南北方窑口都有烧造盘口壶，但形制与风格迥异。北方的器物，盘口小一些，腹部稍细，整器更显修长一些。此器发现于我市谢家集区唐山镇一带，该地先后还发现过南朝和隋代的砖室墓，反映当时的贸易和文化交流十分频繁。（文：沈汗青）

隋（公元581～618年）

高20.75厘米，口径11.1厘米，底径10.6厘米

1985年4月淮南市上窑管咀孜征集

寿州窑青釉堆塑压印纹四系罐

卷口，短颈，鼓腹，平底，肩置四系，胎色灰白，胎体细密。施青釉，器内满釉，器外半釉。罐下部有流釉形成的蜡泪痕，釉玻璃质感强，有细小开片。

该器装饰简洁，但很有特色。在肩部和下腹部各饰一圈堆塑弦纹，两道弦纹与竖向四道弦纹联结，弦纹上用工具断开，形似江淮之间常用的柳编筐篓形状，腹下部形成数道蜡泪痕，与弦纹协调一致，浑然一体，非常简洁又十分生动。寿州窑在隋代已颇具规模，多见瓶罐类器物。隋代寿州窑产品不施化妆土，在还原焰下烧成，釉面玻化强，有小开片。装饰手法丰富，常见划篦弧纹和堆塑纹，简约而生动。

（文：任胜利）

唐（公元618～907年）
长13.8厘米，宽10.4厘米，高7.6厘米
2000年4月征集

巩县窑酱釉绞胎瓷枕

枕为箱形，枕面微凹。胎色白中微黄。除底部露胎外，其余五面均采用绞胎贴花工艺，并在褐色绞胎贴花上施酱黄色釉。枕面纹饰为大菱形套小菱形，呈花朵绽放状，另四面为褐色木纹。正侧面中央有一圆形气孔。

该器造型端庄，角呈弧状，枕面微凹成弧面，符合人体需要。绞胎器是唐代创烧的新品种，河南巩县窑黄冶村窑遗址发现有多件绞胎瓷枕残件。绞胎器工艺制作较复杂，大致呈两类：一是全绞胎，二是贴面绞胎，此枕枕面即为贴面绞胎。绞胎的形成是用两种不同颜色的胎泥制成胎体原料，卷压后形成较大的泥坯，切成片状使用。贴面工艺节省了绞胎坯料，由于工艺复杂，卷曲后形成的图案易于变形，所以枕面上的四个菱形图案既相同又有细部变化，显得生动自然。安徽地区出土的绞胎瓷枕较少，所知四件均出土于淮河以北，尤显此枕珍贵。（文：沈汗青）

唐（公元618～907年）

高22厘米，口径6.2厘米，底径10.1厘米

1957年淮南市黑泥乡出土

寿州窑黄釉小喇叭口细颈瓷瓶

小喇叭口，口下部突起一周凸弦纹，短细颈，颈与肩部结合处凸起，长鼓腹，半施釉，釉层较薄，腹下部露灰红色胎，平足外撇，呈假圈足状。

该器造型在寿州窑产品中十分少见。小喇叭口使整器在厚重中又显灵巧之感。从器形上判断，该器当用于盛酒。寿州窑的黄釉产品，釉色千变万化，很少见到釉色相同的器物，此器因施化妆土的缘故，在突起部分和肩部有剥釉现象。（文：于怀珍）

唐（公元618～907年）

高11.3厘米，口径9.5厘米，底径9.2厘米

2009年12月征集

寿州窑青黄釉喇叭口瓷注

该器为小喇叭口，短直颈，圆鼓腹，最大腹径在腹部中间位置。八棱小短流，流口削平，对称一侧的肩腹上置宽厚的带状鋬，鋬上中间有一条不规则的小三角纹带，并形成凹槽，鋬下有突起锥状乳丁。通体施青黄釉至腹下部。修足，露灰红色胎，细密坚实。在化妆土未施到的地方，釉色变浑。

该器鋬下所饰乳丁在寿州窑同类产品中比较少见，一般制成圆状乳丁，这种锥状乳丁较为独特。整器造型简约，秀丽，非常可人。从其鼓腹短流的形制判断，属唐代寿州窑早期产品。（文：沈汗青）

唐（公元618～907年）

高18厘米，口径9.2厘米，底径11.6厘米

2009年12月征集

寿州窑黄釉圆鼓腹瓷注

该器造型饱满，圆鼓腹肩上饰对称直立的绞索形系，系与肩部结合处有小乳丁，每系有四个乳丁，既有加固系与肩部的粘结作用，又有装饰功能。绞索形系在寿州窑产品中比较少见。七棱流短而粗壮，置于肩腹交界处，对应的鋬置于肩上。鋬呈兽面形，在隆起的执手上饰两列小乳丁纹，执手下端向两边伸出夸张的眼睛，眼睛下方写实的口部中间有5颗獠牙，正视鋬部，有远古图腾之感，充满原始宗教的意趣。这种形制的鋬，在寿州窑产品中是仅见的孤例，应当是工匠在制器过程中，突发奇想信手雕塑而成，在本来简单的器形上增加细部变化，令人耳目一新。整器通体饰黄釉，从腹下流淌的蜡泪痕看，施过两遍釉。黄釉发色比较均匀，当是置于匣钵在较稳定的氧化气氛中形成的釉色。能够看出，工匠是将此器当做一件精品制作的。

瓷注从罐、壶演化而来，早期的腹部尚保留罐、壶的特点，到唐代中后期，瓷注已演变成修长的特征。根据该器形制特点，此器属寿州窑唐代早期产品。（文：沈汗青）

唐（公元618～907年）

高25.5厘米，口径8.7厘米，底径12.3厘米

2009年12月征集

寿州窑黄釉四系球腹罐

该器造型非常饱满。敦厚的翻唇口下沿向外舒张，颈肩之间置四个对称双股系，既有支撑的力量感，又匀称美观。沿下突起一圈与口部相似的粗壮凸弦箍，从制作工艺上判断，下面的箍应是原来的罐口，而上面的翻唇是工匠突发灵感，在整器完成后添加上去的，增添了器型变化的美感。该器施黄釉，在氧化焰下因温度的原因，成黄褐色。因施化妆土和烧造温度的缘故，釉与胎结合不紧密，使器物上部及易触摸处釉面剥落。该器器型在已发现的寿州窑瓷器中仅见，尤显珍贵。（文：沈汗青）

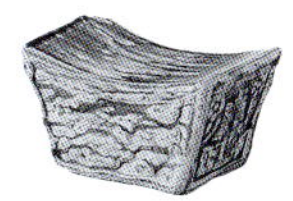

唐（公元618～907年）

1. 长15厘米，宽9.5厘米，高8.3厘米

2. 长16.5厘米，宽12.5厘米，高10.3厘米

2009年12月征集

寿州窑元宝形模印纹瓷枕（2件）

瓷枕略呈上大下小的方形体。枕面向下弧凹，四立面皆有模印花纹 。施釉的五个面均有黄绿釉与白色釉产生的窑变釉，并有强烈的流动感，尤其是枕面，两种釉色在变化中交融，非常生动自然。在侧面发现有两个支钉痕，是烧成后将支钉打去后留下的疤痕，可知是将瓷枕竖立放置烧成。这样做可以保证枕内气体通畅，热气流能从底部的透气孔内流出而不会使器物变形。相对应的另一个侧面两个角上有两朵六瓣小花，中部有松针形植物图案。两个大面因窑变而模糊不清，推测应为模印龙纹。这类瓷枕的作法要先模制好六块泥坯，然后粘结而成，称之为琢器，所费工时较圆器要多，市场售价也相应较高。淮南市博物馆收藏有四件这种形制的瓷枕，器物造型、装饰纹样均非常相似，应是同一时期产品，烧制时间约在唐代中期。（文：闫晓娟）

唐（公元618～907年）

高16.9厘米，口径10厘米，底径8.7厘米

2008年6月征集

寿州窑蜡黄釉直颈双系小罐

该器短直颈，口沿外卷，长鼓腹，斜溜肩，肩颈交接处置对称两双股系。通体施黄釉，有蜡黄感。虽施化妆土，但由于烧造温度较高，胎釉结合很好，没有常见的剥釉现象。在口沿、双系棱角和颈底部各有一道釉色较深的出筋。

此类造型的直颈罐是寿州窑唐代时期比较多见的器物。其釉色多见黄釉、黑釉，器形大小不一，是当时人们生活中的日用瓷品种。（文：孙梅）

唐（公元618～907年）

高16.3厘米，口径14厘米，底径12.7厘米

2009年12月征集

寿州窑黄釉圆鼓腹直颈双系罐

该罐造型饱满，圆鼓腹，口沿略外卷，直颈，双股系因紧凑在一起，使系面形成三道弦纹，系下部装饰有较为规整的小乳丁。全器造型规整，光亮晶莹的黄釉施至足下，器足能见化妆土痕，釉面有细小开片。

此器黄釉发色十分纯正，是寿州窑黄釉类瓷器中的精品。唐代茶圣陆羽在《茶经》中写有："寿州瓷黄"，所言的即是这种釉色。寿州窑以烧造黄釉产品为主，但由于在氧化氛围中窑温不易于控制，造成黄釉发色不稳定，常常出现偏绿、偏褐的黄釉，能够烧造出纯正的黄釉并不容易，而能够烧造出象这样釉色完美的整器就更加不易。此器造型雍容大方，黄釉纯正、饱满、热烈喜人，从一个侧面反映出大唐盛世时人们审美的情趣。（文：沈汗青）

唐（公元618～907年）
高5厘米，长8.2厘米，宽5.1厘米
2009年12月征集

寿州窑黄釉狮形镇

狮形呈前肢卧后肢蹲，头部枕于两瓜之上，左爪中抓有一块方形物。头部夸张变形，吻部大而突出，狮子头上的鬃毛覆盖颈部，双眼点褐色釉，炯炯有神。后肢硕壮有力，显示出发达的肌体，狮尾略向右贴附在身体上。整器造型非常洗练生动。此黄釉狮形镇是一件十分精美的艺术品。智慧的窑工用简单的几块泥条，创造出既十分肖形又有些夸张的卧狮形态，是寿州窑产品中一件珍贵的文房用具。该器胎体细腻、紧密，黄釉发色饱满，玻化很好，有细小开片。兽形镇在唐代的一些窑口都有生产，形制区别不大，但此狮形镇造型更显生动，显示出寿州窑工匠对生活敏锐的观察力和高度的概括力。（文：沈汗青）

唐（公元618～907年）

高28.7厘米，口径4厘米，底径10.5厘米

2009年12月征集

寿州窑黄釉四系穿带壶

长圆腹，一侧扁平，扁平面两侧各饰两枚横置的双股系，系的两端饰有小乳丁，既起到加固系与腹部粘结的作用，又增加器物的美观性。胎体厚实，通体施淡黄釉及底，底足边缘有修整痕。

寿州窑生产的穿带壶十分少见。穿带壶形制特别，扁平的一面易于携带，多流行于北方及西亚地区。扬州唐墓曾出土有唐代长沙窑生产的穿带壶，与此器形制大体相同，不同的是在器身上饰阿拉伯文“真主最伟大”字样，说明此类壶曾用于外销。唐代的扬州是外销瓷的集散地，据此看，寿州窑产品可能也有部分参加外销。（文：沈汗青　）

唐（公元618～907年）

长14.1厘米，宽9.8厘米，高8.7厘米

2009年 6月征集

寿州窑蜡黄釉贴花枕

该枕造型规整，黄釉发色纯正，十分精美，是寿州窑瓷枕中的代表性器物。瓷枕圆弧角，枕面微凹，菱形贴花位于枕面中央，贴花纹饰为上下对称的菊花纹样，花朵向四周绽放，图案四边呈锯齿状。底部不施釉，胎色乳白，胎体细密。底面四边有修足痕，在底边一侧靠角处有直径3毫米的出气孔。由于出气孔在底面，烧造时气流不畅，造成枕底略有凸起变形。寿州窑产品中也有一些瓷枕在侧面开孔，或虽在底部开孔但用支钉支撑直立烧制，就不会产生变形的情况。

此件瓷枕属精细产品，不施釉的底面朝下放置，更能保证其美观。通体施蜡黄釉，枕的五面发色均匀，应当是在匣钵中烧成。枕面所饰花卉图案，因贴花造成釉色深沉，使枕的釉色看上去更富于变化。因施化妆土的缘故，在瓷枕的棱角处略有脱釉。寿州窑烧制的瓷枕在形制、釉色、装饰上变化丰富，在同时期各窑中属佼佼者。这件蜡黄釉瓷枕，造型、釉色、装饰俱佳，是寿州窑的代表性作品。

（文：沈汗青）

唐（公元618～907年）

高20.1厘米，口径10.6厘米，底径8.2厘米

2009年12月征集

寿州窑黄釉葡萄纹瓷注

寿州窑瓷注发现的较多，但贴花装饰瓷注十分少见。

该器口部为外撇的喇叭状，鼓腹下部渐收，在口沿下与上腹处置带状鋬手，下用乳丁粘结系与腹部，对称的一边置圆形流。通体施黄釉至底，底部露灰红色胎。在腹部上方至颈部边缘处，有对称的两个贴花，为一串葡萄和葡萄叶，叶出三道茎脉。

此器造型优雅，纹饰简约而美观，是寿州窑产品中的精品。尤其纹饰，乍一看似为模印所致。但仔细分析，装饰纹样的地方位于肩腹处，形状呈不规矩弧面，无法模印。但其纹样又有一定凹陷深度，也不会是剪纸贴花，应当是用一定厚度的、可以弯曲的皮革类物质剪贴成型，才可出现较深的凹面贴花。寿州窑烧制的各种瓷注在形制、釉色上繁多，但保存完好带有贴花工艺的瓷注很少见，足见其珍稀程度。（文：沈汗青）

唐（公元618～907年）

长15.7厘米，宽9.1厘米，高8厘米

2008年6月征集

寿州窑黄釉腰圆形瓷枕

该枕平面呈圆弧形，枕面内凹，四角弧状，施化妆土，黄釉均匀，釉色温润。

枕的起源可以追溯到殷商时代。《说文》云："枕，卧为所荐首者也。"到春秋战国时，枕的使用已经普及。隋代创烧瓷枕，唐代时大量生产，逐渐为人们喜爱，因其个头较小，并有"脉枕"一说。寿州窑瓷器中的枕在形制、釉色、品种上变化十分丰富。目前所见的形制有：方箱形、元宝形、亚字形、束腰形、腰圆形等数十种；釉色上有黄釉、黑釉、酱红釉、茶叶沫釉以及由黄釉变化而产生青黄釉等等；装饰上常见贴花、模印花等方法。可以说寿州窑的瓷枕千变万化，代表了寿州窑在唐代时期烧造工艺特点和工艺水平。这件腰圆形黄釉瓷枕，造型简单却又寻求变化，枕的一长边呈直边，对称的另一边呈外弧状，四角圆弧自然，能够体会到窑工在造型上既能将一件琢器制作的十分娴熟，而又赋予它变化的美感。该枕黄釉釉色纯正，发色饱满，是一件近乎完美的瓷器。（文：陶佳）

唐（公元618～907年）
长12.2厘米，宽7.4厘米，高9.8厘米
2009年12月征集

寿州窑茶叶末釉兽形座瓷枕

卧兽座撑起枕面。卧兽圆目，吻部前伸，头上有角，周身饰鳞片纹，后肢蹲卧状，前肢支撑头部，右前肢粗大。底部露胎，胎色乳白。兽身两侧都有出气孔。饰茶叶末釉，发色均匀，在纹饰突起处，釉色呈酱色。

茶叶末釉一般认为起源于唐代，为偶然烧造而成，是在高温1200℃至1300℃下烧黑釉过火时而产生的，因釉面失透，釉色黄绿中参以点状深黄色茶叶末而得名。形成的原因是釉中的铁、镁与硅酸化合而产生的结晶。该器发色细腻，周身遍布似细茶叶末的结晶物，犹如夏日夜空中的点点繁星。遗憾的是发现时为残器，上部的枕面依照唐代同类器物修复，但不失其珍贵。（文：沈汗青）

唐（公元618～907年）

高20.4厘米，口径8.7厘米，底径8.5厘米

1986年2月于淮南市谢家集区征集

寿州窑黑釉注子

侈口，直颈，圆肩，竖长腹，腹下微内收，饼形足，平底，肩上有一六棱形短流，与流对称的颈肩部之间有一扁条形鋬，鋬中起脊。周身及器内施黑釉，外釉不及底，釉面匀润而无光泽。足及底露乳白胎，质较粗，胎体较厚。整体造形规范、工整。

该器造型修长而端庄，短流与执手在不均衡的对称中十分和谐，是寿州窑瓷注类器物中颇具美感的作品。出土的寿州窑黑釉器在发色上分为两类：一类釉色漆黑光亮，器型多稍小，如碗、枕一类的产品；另一类黑釉呈亚光，有磨砂之感，器型稍大，如淮南馆藏的胆形腹大瓶、大直口罐。亚光的原因主要是在烧制过程中胎、化妆土和釉在高温下充分结合；同时，也与器物埋藏条件有关。此器属于后一类，通体亚光，釉色深沉，黑釉因无高光点而沉稳内敛，相比较漆黑光亮的黑釉器，更显沉静、温雅之气。（文：沈汗青）

唐（公元618～907年）

高24厘米，口径15.8厘米，底径12厘米

2009年12月征集

寿州窑酱褐釉双系直口大罐

唐代寿州窑产品中的大口罐在形制上有大、中、小三种式样，釉色有黄釉、黑釉和自然形成的窑变釉。富含氧化铁的釉水，在高温下烧结时间过长后，往往形成酱红色。该器由于烧结不够充分，形成了大面积黑釉和点状分布的酱红釉斑，有自然之美。这种直口罐的残件，在寿州窑上窑住院部窑址和松树林、东小湾窑址发现多件；酱红釉器在医院住院部发现较多。从馆藏品看，当时的窑工已经能够控制窑温，烧制出通体酱红釉的大瓶，而发色纯正的黑釉直口罐类标本，多出土于东小湾窑址，反映出在唐代后期，东小湾窑烧制技术相对较高。（文：沈汗青）

唐（公元618～907年）

高30.4厘米，口径4.8厘米，底径8.6厘米

1987年6月淮南市上窑窑河鱼苗场出土

寿州窑黑釉盂口胆形瓶

盂口，细长颈，溜肩，平底足，器型呈悬胆状。胎体浑厚凝重，施黑釉及腹下部，胎体装饰有化妆土，胎色灰白，腹部有两处窑粘露胎。

此件黑釉盂口胆形瓶有特殊的质朴之美，其形制特点以唐代流行的文房用具水盂做口，显示出寿州窑工匠的独特匠心。窑粘处并非在最大腹径处，而稍偏下，应当不是与匣钵粘结，当是与器型稍小的器物粘结，可能是在一个匣钵中放置两件以上器物所致。此类器型在寿州窑产品中仅见，又出土于寿州窑窑址附近，应是窑工墓出土。该器为盛酒之用，是唐代寿州窑黑釉瓷器的杰作之一。（文：任胜利）

唐（公元618～907年）

高23.5厘米，口径19.5厘米，底径13厘米

2008年6月征集

寿州窑黑釉双系直口罐

该罐直口大而阔，窄溜肩，最大腹径位于肩下，腹下内收，腹壁微弧，平足外撇，有修足痕。肩部对称置两双股系，罐体内外施黑釉，釉色均匀，色如墨，呈亚光，外壁施釉近底，底足无釉，露乳白胎。胎体较薄，质细，烧造温度较高。整器造型端庄大方，浑圆饱满，显示出雍容华丽的气质，是寿州窑黑釉产品中的代表性作品。寿州窑以黄釉器著称于世，陆羽的《茶经》中记载“寿州瓷黄”，其实在中唐以后，寿州窑大量烧制黑釉器，其黑釉的烧造水平并不亚于黄釉。该器无论是造型、胎、釉均属寿州窑产品中十分成功的作品。（文：于怀珍）

唐（公元618～907年）

枕面13.5x9.8平方厘米，底面12.2x8.9平方厘米，高6.6厘米

1979年4月寿县出土

寿州窑黑釉瓷枕

箱形，长边内凹，施黑釉至底，胎色乳白。

黑釉瓷枕是寿州窑同类产品的一个主要品种。唐代早期时，寿州窑烧制黄釉瓷枕，到唐代中后期时，黑釉瓷枕比较多见。这件瓷枕釉色亚光，略有酱釉感，枕面四边棱角出筋，有明显的酱釉色。唐代陆羽在《茶经》中从品茗的角度记述了寿州窑的黄釉瓷，并未提到黑釉产品。事实上，寿州窑所烧制的黑釉产品涉及到各个品种，釉色漆黑光亮，比黄釉产品釉色更加成熟稳定，艺术成就丝毫不逊于黄釉产品。（文：闫晓娟）

唐（公元618～907年）

高32.8厘米，口径9.9厘米，底径10.6厘米

2008年6月征集

寿州窑酱红釉四系瓶

翻唇，口沿平外撇，短束颈，斜溜肩，长圆腹，肩与颈置四对称双股系，平底。施酱红色釉至足下，足部露乳色胎，釉色均匀。

此器造型虽是寿州窑常见器型，但其是目前仅见的酱红釉完整器。酱红釉的着色剂与黑釉相同，都是氧化铁生成的。酱红釉是先还原后氧化，为两次不同的烧造方法产生的酱红釉或铁红色。该器通体酱红釉发色均匀。1988年发掘医院住院部窑址时，发现有酱红釉瓷注、瓷枕残件，说明当时寿州窑的酱红釉产品不是偶见，而是作为一种釉色产品批量生产的。（文：陶佳）

唐（公元618～907年）

高37.7厘米，口径10.3厘米，底径11.2厘米

2008年 6月征集

寿州窑四系黄釉窑变大瓶

翻唇口，短直颈，颈间有四对称双股系，长鼓腹，腹中部以下内束，平底。黄釉发色较正，数十道垂釉窑变成天蓝色，深浅不同。

此器造型修长俊美，黄釉自腹中部向下垂釉产生窑变，与上部浑然一体，黄蓝釉结合处自然过渡，是寿州窑窑变器中的精品。窑变釉是釉在窑内高温状态下自然产生的釉色变化的色泽。早期窑变釉因窑工对着色剂呈色原理并不知晓，所产生的窑变釉多具偶然性，唐代时，虽不能控制烧成的釉变颜色，但已有意烧造窑变釉，例如河南鲁山窑等。在寿州窑东小湾窑址、高窑窑址和医院住院部窑址出土有大量窑变釉残片，说明在唐代中晚期，该窑窑工已能够有意烧造窑变釉产品。窑变的蓝釉应是铁元素或铜元素在高温下自然产生的变化。（文：沈汗青）

唐（公元618～907年）

直径6.5厘米，厚2.1厘米

2008年6月淮南市张建军先生捐赠

寿州窑黄釉模印莲花纹纺轮

此器呈圆饼状，花纹面施黄釉，背面无釉，胎较细，色乳白，中间处有一穿孔。模印八瓣莲花纹，花瓣边缘与中间突起。突起部分脱釉露胎，与凹陷处釉色形成色差，浑然天成。

纺轮早在新石器时代就有使用，除陶质外，还有石质、玉质、铜质的等。7000年来，其形制基本没有大的变化，是古代用于纺线的基本工具。使用时在圆饼中间的穿孔插入木柄或其它材料制成的柄，通过其自身重量产生的旋转捻线。小小纺轮承载着人类从着兽皮、披树叶走向文明的重要社会功用。

（文：沈汗青）

唐（公元618～907年）

高28.7厘米，口径11.7厘米，底径11.7厘米

2008年王辉先生捐赠

寿州窑黄釉圆腹瓷注

撇口，短束颈，圆肩，鼓腹，平底，肩饰八棱形短流，流对称处有一耳形鋬，两侧有双条耳形系一对，鋬及两系下部有一束结，施蜡黄釉，腹下底部未施釉处有淋釉现象。

这种在下部束结造型的鋬和系，在寿州窑产品中显得很特别。在上窑住院部窑址中出土有此类型的鋬，但并不多见，淮南市博物馆藏有两件。另有无束结但保留乳丁突的造型。该器鼓腹饱满，还保留着罐的形态，在罐的肩上置流和鋬系，成为注子，推翻了过去一般认为注子是由盘口壶演化而来的观点。说明注子的源流有可能从罐演化而来。目前，还尚未见到与盘口壶十分相近的注子。（文：单超）

唐（公元618～907年）

高16.3厘米，口径14厘米，底径12.7厘米

2008年王辉先生捐赠

寿州窑蜡黄釉双系鼓腹直口罐

口微撇，短斜颈，溜肩，鼓腹，平底，一对双条形系呈耳状联接颈肩处，其下有乳丁，施黄釉，呈蜡黄色。口沿及腹下部有脱釉现象。该器在寿州窑产品中发色纯正，黄釉通体饱满，较为罕见，应该是放置在匣钵中，窑温控制得非常恰当时才能烧制成功。早期瓷器生产由于温度难以控制，氧化气氛不稳定，生产出来的瓷器釉色多有偏差。象该件发色如此纯正的黄釉十分难得，更显示这件器物的珍贵。从器型上判断，烧制时间应在唐代前期后段。（文：单超）

宋代（公元960～1279年）

通高27.2厘米，口径7.8厘米，底径8.9厘米

本馆旧藏

素烧塔式盖十二辰罐

宝塔形罐盖。敛口，无颈，溜肩，腹微鼓，近底内收，圈足外撇，底略外凸。

盖面圆而平整，中置宝顶形捉手，形似宝塔之顶，肩部贴塑四个动物造型。腹部一周贴塑十二个直立的生肖造型：兽首人身，背贴于罐腹，双手拢于胸前，下为裙裾，十二生肖皆双目圆睁，表情肃穆。生肖上下以贴塑绳形泥条为廓。罐足底边圆修。整体无釉素烧，乳白胎，质较细。此罐造型别致，装饰手法独特，制作规整，但贴塑部分较为粗糙。有学者认为是宋代骨灰罐。（文：刘继武）

唐（公元618～907年）

戴帽胡人骑马	2010年6月征集	童子骑羊	2006年上窑林场周加林捐赠
仕女骑马	2010年6月征集	老叟骑马	2010年征集
小羊	本馆旧藏	小猴骑马	本馆旧藏

寿州窑玩具（6件）

寿州窑的玩具多见动物、人物，其造型生动，惟妙惟肖。大小一般在10厘米左右，以小泥条和小泥饼构成，用竹签一类的工具修胎和处理细节，制作技巧十分娴熟。看似随意捏塑，信手拈来，实则反映了寿州窑窑工们善于观察生活并高度提炼生活的能力，每件小玩具都有浑然天成、乐观生活的美感。人物造型多见童子、女童、老叟、胡人、仕女等；动物形象常见十二生肖。一般常见人物与动物的组合，也有独立造型的动物塑像。在人物和动物的面貌处理上十分讲究，既形象又夸张。釉色有蜡黄、黄釉、褐釉、黑釉和点褐彩等。（文：沈汗青）

宋（公元960～1279年）

高13厘米，口径5.7厘米，底径6.1厘米

本馆旧藏

繁昌窑白瓷执壶

敞口，束颈，圆肩，球腹，圈足。颈部4道凸弦纹，肩部前置一上仰曲长流，流口向上，后颈肩之间置一扁条状方形鋬。通体内外施白釉，釉层均匀光亮，下有细小开片。圈足及底无釉露乳白胎，胎细体薄，造型精巧，器形不大，但制作规整考究。从该器形制、釉色看应是繁昌窑产品。（文：刘继武）

元（公元1279～1368年）

通高25厘米，口径21.7厘米，底径17.8厘米

1975年淮南市大通区出土

龙泉窑青釉荷叶盖罐

器型呈一宽大荷叶覆盖于一莲蓬形罐体之上，整体圆浑厚实。盖为向下覆盖荷叶形，顶端有一短小蒂形状钮，圆钮座。钮座外饰向外辐射的竖条叶脉纹，宽叶边形盖沿，并均分六个折褶，盖下有扣于罐口内的子口。罐体唇口，直颈，圆肩，鼓腹，腹下束收至底，圈足圜底。由肩至底满饰竖条叶脉纹。除盖底边缘、罐口及足底露胎处现赭红色外，余满施青釉，釉色青翠，釉层肥厚，温润少光泽，胎色灰白，胎体厚重，质细密。

该罐是元代龙泉窑代表性瓷器。其造型饱满敦厚，罐盖的叶蒂与荷叶褶皱简洁而形象，这种造型的瓷罐在当时的南北方窑口都有烧造，而以龙泉窑的造型最显美观大气。龙泉窑位于浙江省龙泉县一带，创烧于北宋早期，南宋中晚期达到极盛，明代中期以后渐衰，有七八百年的烧造历史。元代时，烧造大件瓷器的水平较高，该窑烧造的梅子青釉、粉青釉是青瓷中的巅峰之作。这件元代青釉荷叶盖罐，釉色豆青，釉层浑厚，给人以青翠欲滴之感。底部有火石红，从莹润的釉色和坚实的胎体上，观者能够感受到龙泉窑曾经的辉煌。（文：沈汗青）

清（公元1644～1911年）
高42.3厘米，口径13.1厘米，底径11.7厘米，
本馆旧藏

粉彩人物故事瓷瓶

敞口，长直颈较粗，溜肩，长圆腹，平底内凹。自颈肩部至底绘以粉彩三国人物——赵云救阿斗故事场面：赵云，回首竖眉瞪目，牙关紧咬，身披铠甲，一手举剑（锏），一手握枪，怀中抱一婴儿面无惊惧之色，神态安静。胯下白马回首跃蹄，作奋力杀出重敌之势，后有三将，挥刀挺枪，纵马紧追，另有一兵勇高举一旗，远处山坡后隐约可见帐篷及刀枪林立。体现出赵云一人为救阿斗于万军之中奋力拼杀的神勇之气。画面主题鲜明，人物表情刻画细致。彩绘上着以透明釉，釉层均匀，釉面光亮，胎质洁白细腻，整体造型规整，是清代陈设瓷中之佳品。（文：刘继武）

清（公元1644～1911年）

高34.8厘米，口径12.6厘米，底径14.6厘米，

本馆旧藏

郎红釉赏瓶

细直颈，小喇叭口，球腹。胎质致密，烧结温度高。底足有火石红。圈足一周有脱窑打击时的痕。颈部釉较腹部要深，口沿呈“灯草边”，内外侧有细微窑变。釉面通体有细微向下垂流的特征。

郎窑红是指康熙年间，江西巡抚郎廷极主持景德镇窑务时创烧的一种红釉。其特点是色泽深艳，如初凝的牛血一般猩红。釉面透亮垂流，器物越往下，红色越浓艳，口沿釉薄，铜分子在高温下易挥发和氧化，出现轮状白线称之为“灯草边”。所以有“脱口垂足郎不流”之称。赏瓶，始烧于清代雍正年间，作赏赐之用。此件赏瓶造型端庄、优雅，红釉深厚饱满，是一件十分漂亮的郎红釉瓷器。（文：沈汗青）

玉器篇
Jades

战国（公元前475～前221年）

直径10.5厘米，好径4.6厘米，边厚0.6厘米

1958年淮南市谢家集区唐山公社东津大队出土

谷纹玉璧

玉料受沁呈鸡骨白状，色略乳黄。体呈扁平圆形，内外缘阴刻弦纹，内满饰谷纹，排列有序。两面纹饰相同。

玉璧是古代使用时间最长的一种礼仪用玉。早在良渚文化时就大量使用。春秋战国时是玉璧使用最繁盛的时代，在社会中扮演着重要角色，用途相当广泛。璧为权利等级的标志，或佩带或随葬，同时又是社会交往中的馈赠品或信物。战国时玉璧一般纹饰多见谷纹、云雷纹、兽面纹。此璧虽受沁较重，但形制规整，制作精美。（文：程东雯）

战国（公元前475～前221年）

长4.6厘米，宽2.7厘米，厚0.3厘米

1990年3月淮南市唐山乡征集

玉饰件

白玉质，泛淡黄色，四周边缘有褐色沁。外形轮廓大致椭圆，两侧有翼状尖角伸出。中部透雕如意云头纹，双阴线刻缠枝纹分布于如意云纹四周，且左右两侧互相对称。两面纹饰相同。上部凹弧面有一长方形凸起，上有穿孔，据此判断，可能是金属削一类的器物首部。该玉饰件线条细腻流畅，做工精细考究，打磨光亮。（文：刘继武）

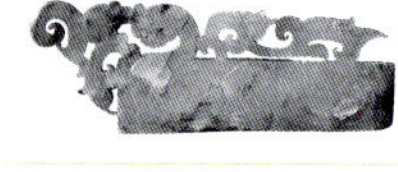

战国（公元前475～前221年）
长8.2厘米，宽2.9厘米，厚1.3厘米，重16克
2005年6月淮南市杨公镇窑厂土坑墓出土

螭虎纹玉璏

其一，白玉，晶莹剔透，局部有黄褐色沁斑。体呈扁长方形，两端向下垂曲，下部镂雕一矩形孔，孔壁上下相等。正面高浮雕一大一小子母螭虎。母螭虎为“S”形，虎首出廓，阔肩宽短，回首，曲颈，卷耳，双目圆睁，粗眉上翘，鼻与嘴作倒“T”形；利爪，绞丝尾分岔翻卷。璏上部为云气纹，边侧雕一小螭虎，两首相连，四目相对，交相呼应。底纹以阴线刻画勾连云纹、云气纹，粗细有致，器周有廓。雕刻细腻，抛光极好。

此器为战国晚期杨公楚国贵族墓地中型墓出土，墓道位于东侧。一般将这种形制的墓称之为“士”的墓。此地在上世纪80年代前后曾出土大批玉器。这件玉璏玉质优良，雕刻精湛，代表了楚国晚期琢玉水平，是同时期玉璏中的精品。（文：沈汗青）

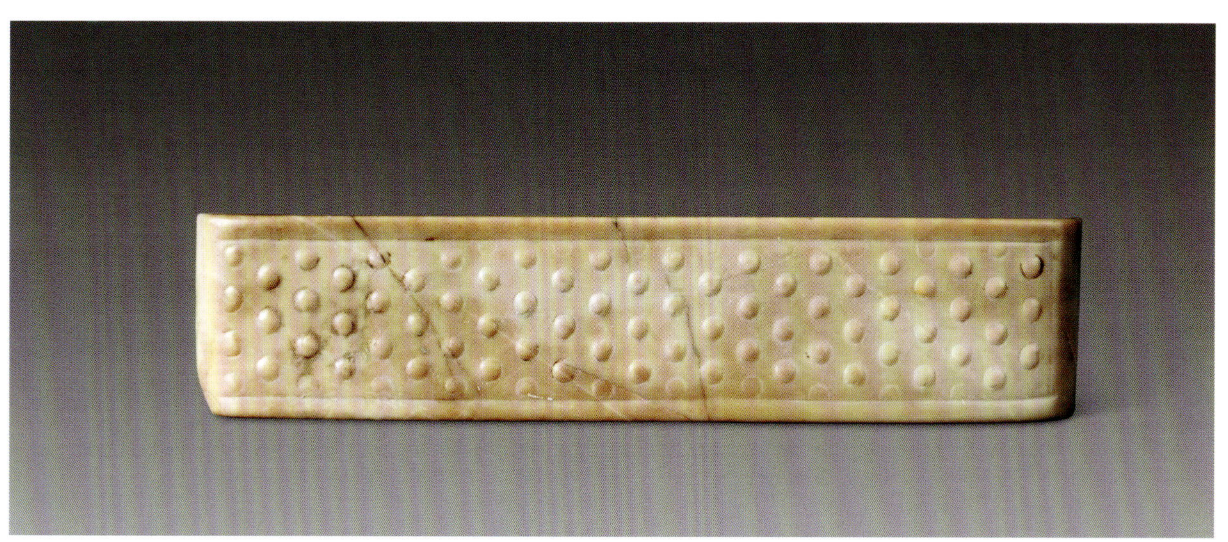

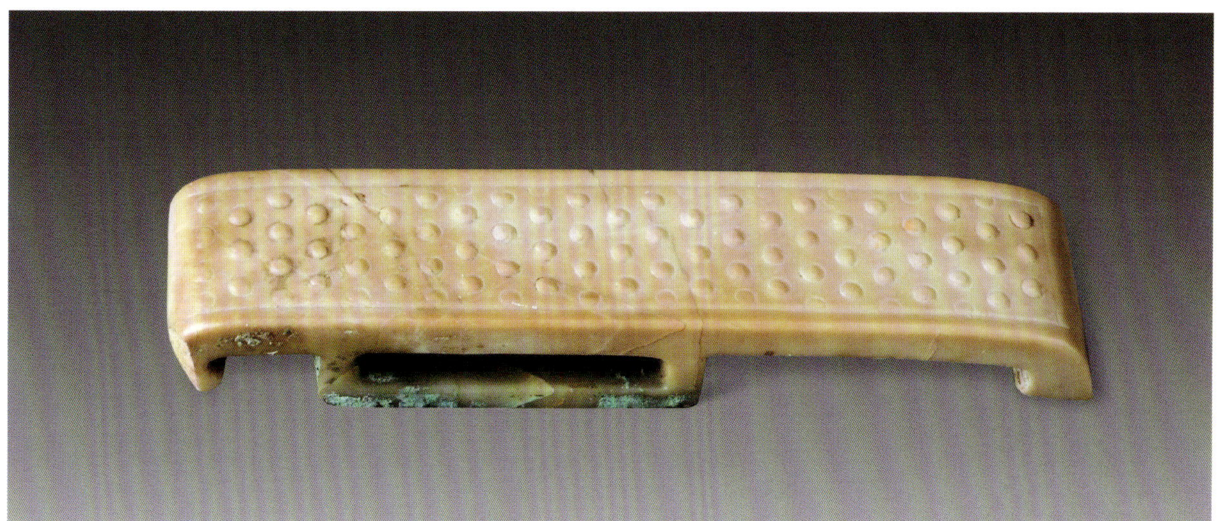

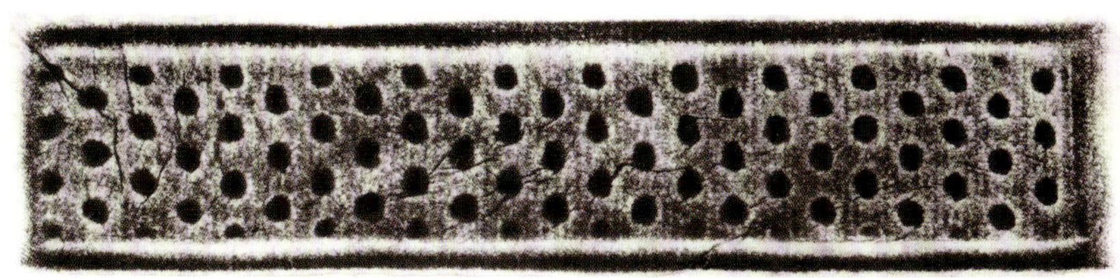

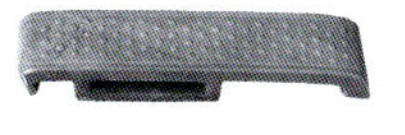

汉（公元前206～220年）

长11厘米，宽2.5厘米，厚1.2厘米，重64克

本馆旧藏

谷纹玉璏

其二，鸡骨白色，穿鼻上有绿色锈斑。谷纹雕刻极为工整、精美。

其三，白玉洁白无瑕，玉色温润，浅浮雕兽面纹十分规整精细。虽出土于小型砖室墓中，仍可见墓主人应有一定的社会地位。（文：沈汗青）

东汉（公元25～220年）

长6.1厘米，宽2.6厘米，厚1.2厘米，重33克

2006年6月淮南市谢家集区赖山窑厂砖墓出土

兽面纹玉璏

玉璏是玉具剑中剑鞘上的穿鼻。《说文解字》中记载：“璏，剑鼻玉也。”考古发掘证明其记述的非常形象、准确。玉璏的形制变化不大，一般俯视呈长方形，侧视看，两端如钩，中部有长方形穿孔，璏置于剑鞘的上段接近鞘口的地方，通过璏的穿孔系革带，可将剑佩于使用者的腰身。玉璏常常与玉剑首、玉剑格、玉剑珌组成玉具剑。在汉代，这种装置的玉具剑是身份、地位的象征，佩挂的装饰等级功能大于其实用功能。汉末，剑逐渐被环首刀替代而退出了战争舞台。（文：沈汗青）

战国（公元前475～前221年）

1. 长2.2厘米，宽2.2厘米，高1.1厘米，重12克

2. 长2.4厘米，宽2.4厘米，高1.5厘米

1992年11月谢家集区唐山乡第三建筑材料厂出土

玉印（2件）

其一，为白玉质。覆斗形，四棱台形钮，小圆穿，印面无边栏。有阴刻鸟虫篆文，试释为“蛮禾”；

其二，为玛瑙质，乳白色，形制印文与前印相同。（文：沈汗青）

西汉（公元前206～公元8年）

长2厘米，宽2厘米，高1.3厘米，重11克

1987年6月淮南唐山乡梁郢孜村双古堆M11出土

"周安"玉印

其三，西汉"周安"印，乳黄玉质，覆斗形，有小圆穿孔，印面无边栏。阴刻鸟虫篆"周安"，形制小于前二印。

玺印有2000多年的历史。春秋战国时期，玺印都称为玺，不论官私印，一概如此。汉代以后除皇帝、帝后称玺外，官私印都称印，一般多用铜、玉制造。玺印上都有穿孔以系印绶，印绶又系在腰带上，是为佩印。印纽的形式很多，覆斗式钮又称坛钮。秦汉以来，印台、印面的大小和印绶颜色的差别都代表一定的等级，不得僭越。鸟虫书，是继承春秋战国铜器铭文上的书体，在汉代时多见于私印，其笔画屈曲，有些笔画作成鸟形、鱼形。这种回转粗细的变化增添了汉字的美感。二枚战国印文"蛮禾"较汉代"周安"印文鸟虫书的笔画更生动形象一些。"蛮禾"疑为战国晚期楚国掌管地方农业的低级官印。"周安"玉印为私人印信，出土时置于右侧盆骨上，当是绶带系于腰间。（文：沈汗青）

西汉（公元前206～公元8年）

1. 长24.6厘米，宽4.5厘米，厚0.6厘米，重147克

2. 长24.5厘米，宽4.5厘米，厚0.6厘米，重143克

1987年6月淮南市唐山乡梁郢村双古堆M11出土

谷纹玉璜（2件）

两件。玉璜均为青玉质，两面饰谷纹。上下两弧面上各饰三对扉棱。边缘起廓，廓墙棱角分明，两侧边无廓，疑为残修。谷纹流行于战国至汉代，形似谷粒。两璜上谷粒饱满突出，抚摸有扎手感。制作这种纹饰要先打蒲格（蒲纹，形似古人所铺席子的纹饰），将纹饰分成一个个小六边形，使中心自然拱起呈凸起的六边形，再砣成一个个谷粒，谷粒呈旋涡状。凸起的谷纹较阴线勾勒的谷纹制作难度要大，但立体感强。

两件玉璜制作精美，是汉代玉器中的珍品。谦谦君子，比德于玉。《说文解字》归纳玉有五德：仁、义、智、勇、洁。反映玉在中国古代社会不仅是物质财富，更是精神财富，被赋予了无限的人文之美。璜是玉组佩中重要组成之一，位于组佩的中间部位，在组佩中起平衡作用。《礼记·经解》说“行步则有环佩之声”。行走时玉佩之间碰撞发出叮当声，反映古人十分注重仪表和风范。玉璜最早见于距今7000年前的河姆渡文化。早期璜背朝下，春秋时背部出现穿孔，璜背朝上，说明使用方式的改变。

这两件玉璜出土于西汉中期的一座石椁木棺墓中，玉璜置于手指骨间，在头顶上侧有玉璧，右侧盆骨上有玉印，铜剑斜置在左侧自脐上至大腿骨中间外侧，另外伴出的还有四件玉塞。从摆放的位置看，两件玉璜有“玉握”功能。玉握一般是猪形，象征死者带往阴间的财富。河北满城刘胜窦绾墓玉衣手套下方有璜形玉片，为玉璧改制。璜形玉片，形似新月，主阴，与头顶部的圆形璧代表的“阳”相呼应，代表了汉代人以日月象征生死的观念。（文：沈汗青）

西汉（公元前206～8年）

长5.9厘米，宽1.5厘米，厚0.2厘米，重5克

1972年10月淮南市谢家集区唐山公社九里大队出土

玉舞人佩

此佩造型古拙。白玉质，受沁严重成鸡骨白。形制扁平呈璜形。羽人侧身，飞舞态。大圆目，小口，长鼻，无发冠。右臂扬起，衣袖翻卷，下伴祥云；左臂自然下垂，长袖向内翻卷，翼下有羽翅，下身羽化成尾。肘部有穿。玉饰以透雕和线雕结合的方法雕琢而成。

汉代舞人玉佩中羽舞人发现很少。羽人，是古人思想中的仙人。《楚辞·远游》："仍羽人于丹丘兮，留不死之旧乡。"《山海经》注："有羽人之国，不死之民，或曰：人得道，身生羽毛也。"《补》曰："羽人，飞仙也。"汉代人认为，人在修炼后可身生羽翼，得道升仙，长生不老，此玉佩就是这种思想的产物。（文：沈汗青）

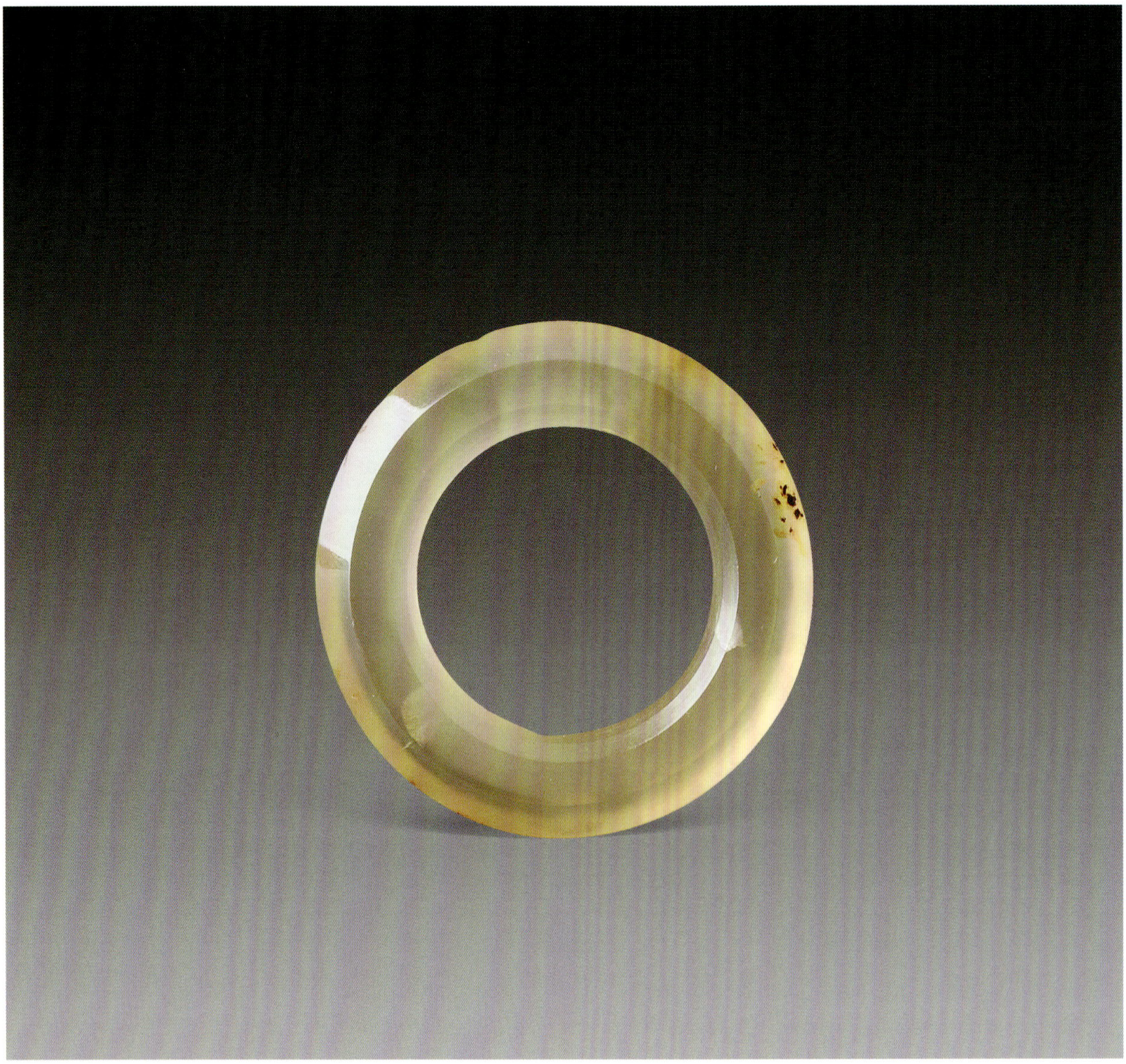

汉（公元前206～220年）

直径4.5厘米，好2.4厘米，厚0.9厘米，重11克

2001年2月合徐高速连接线夏农村11号墓出土

玛瑙环

玛瑙质，圆环形，横截面呈等六边形，色微黄，质温润无暇。线条装饰虽简洁，但做工极为考究工整，为汉代装饰挂件中之精品。（文：刘继武）

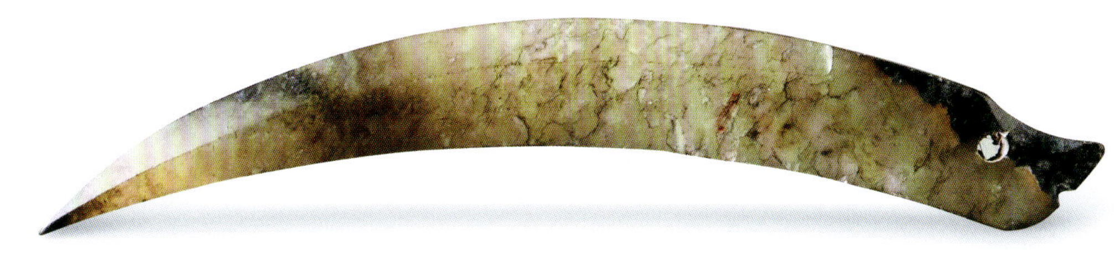

汉（公元前206～220年）

长8厘米，宽1.1厘米，厚0.9厘米，重5克

2006年3月淮南市谢家集区唐山镇出土

龙形玉觿

青玉质，墨绿色，弧形弯曲呈龙形，龙首，圆目，角后伸，整体造型简练生动，线条流畅。

觿是古代一种锥形实用器。早期服装不用纽扣，皆以绳带系结相连，解衣释服则多需借助于专用的一端粗阔、一端尖细的弯角觿完成。一般认为原始的觿系动物的獠牙或质地坚硬的一端尖细的弯形骨角充当，后来才出现人工制作的弯角形或长条形骨质、玉石质的觿，之后逐渐演变成腰间配饰而淡化了实用解绳功能，被人们引申赋予了标志佩戴者具有解决问题能力的隐讳内涵。

此器为汉代玉觿。汉代玉觿多有穿孔，均为装饰用途，可用于组玉佩中，也有冲牙之说，亦可单独用于佩饰，此玉应属于此类。西汉时玉觿较多，形制变化丰富，有龙首、凤首、兽首等，到东汉以后玉觿逐渐少见。（文：王莉）

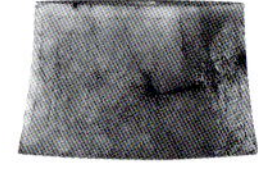

战国（公元前475～前221年）

上长5.3厘米，下长6.2厘米，宽3.7厘米，厚1.4厘米，重58克

1972年10月淮南市唐山公社九里大队征集

兽面纹玉珌

其一：梯形，两面阴线雕兽面纹。兽面居中，四边双廓线，双廓线内上下边有二组双菱形阴刻线纹，二侧边各一组菱形纹。兽面以阴线勾轮廓，两圆目采用浮雕手法雕琢，眼部凸起，更显得兽面神秘、独特。

汉（公元前206～220年）

长4.9厘米，宽3.5厘米，厚1.3厘米，孔径0.6厘米，重39克

1973年11月淮南市谢家集赖山桂家小山出土

龙凤纹玉珌

其二：青白玉质。呈梯状上窄下宽，中部凸起成弧面，两侧边缘渐薄，上、下两端截面呈橄榄形。窄面有孔，可嵌插剑鞘。底端面有阴刻廓线和卷云纹。珌正面浅浮雕飞龙纹。昂首、挺胸、圆目、厚唇。前腿上举，后腿高翘，呈飞跃态，尾部向前甩至头部。背面浅浮雕一凤纹。昂首、挺胸、圆眼、张开大口。长凤冠下垂，叠至凤尾，前腿高扬，后腿下勾。龙凤以阴刻线勾形，身体浮雕。两面四边以阴刻线为廓。

以玉装饰剑始于西周时期，西汉时有完整的玉剑首、剑格、剑璏和剑珌。玉珌一般为梯形，短面装嵌在剑鞘下端，既有保护剑鞘的功能也有装饰的效果。此玉珌用料讲究，上、下端有红褐色沁，十分美观，浅浮雕龙凤纹雕法娴熟，造型简约而生动。（文：沈汗青 ）

元（公元1279～1368年）
长3.9厘米，宽2.9厘米，厚0.6厘米，重19克
本馆旧藏

镂雕委角花卉纹玉饰

呈长方亚字形，玉呈青白色，温润柔和，委角，中部镂空，双面雕刻花卉，四周侧面有长方形穿孔。整体造型工整，雕工娴熟，线条柔和优美。

元代玉器造型简约，刀法粗犷劲逸。此件玉器的花卉纹饰与元代常见的春水玉、秋山玉上的同类纹饰风格相同，形象概括简练，构图疏朗，有拙朴之美。从其双面镂孔透雕，四边有穿看，应为镶嵌用饰件。（文：王莉）

清（公元1644～1911年）

横3.75厘米，高5厘米，厚0.45厘米

1975年3月古沟龚集庙新大队出土

白玉同义牌

白玉质。扁平方形，牌的顶端两边雕有两个如意云头，中间有蝴蝶结，镂孔透雕。玉牌的正面上端阴刻楷体“同义佩”三字，中间竖向阴刻楷体“志同道合，祸福共之”八字。背面阴刻楷体“蒋光山各执一佩王全义以为他日陈廷 悦之念”，落款“嘉庆壬申桂月制”，嘉庆壬申年即公元1812年。此牌玉料温润细腻。从内容看，应为结义信物。（文：程东雯）

杂项篇
Miscellaneous Articles

战国·楚（公元前475～前221年）
长1.9厘米，宽1.8厘米，厚0.4厘米，重13克
1974年5月淮南市谢家集区人民银行调拨

金币“郢爯”

“郢爯”为楚国黄金货币。因称量使用时切割，四面有切割痕，呈不规则方形。正面有一戳印篆书阴文“郢爯”，或说“郢爰”。“爰”是清人旧说，当代学者考释为“郢爯”。“郢”是楚国都城的名称。“爯”为重量单位。“郢爯”的制作是将金板浇铸成型后，用铜铸好的“郢爯”打成印戳，印戳数量多少不等。考古发现的大多数是切割使用后的“郢爯”，还有“陈爯”、“卢金”等。（文：沈汗青）

战国·楚（公元前475～前221年）

2009年1月淮南市邓宗雨捐赠

铜砝码

砝码是衡器天平的权。根据考古资料，最早使用天平砝码的是春秋战国时期的楚国。用中间有提钮的等臂天平来称量切割后的金币。称量时，天平一端的圆盘放入金币，另一端放一砝码。这种天平在湖北江陵雨台山、鸡公山各出土一套完整的有衡杆、铜盘和8枚砝码的天平。楚国的衡制是镒两制，一镒约251克，砝码间重量倍率是准确递增值，表明楚国的铸造技术十分精准。这套砝码虽为捐赠，据调查出土于淮南战国楚国贵族墓葬区。各地出土砝码有1枚到9枚不等，但专家认为8枚是标准定制，且出土的数量不多，尤显此套砝码珍贵。（文：沈汗青）

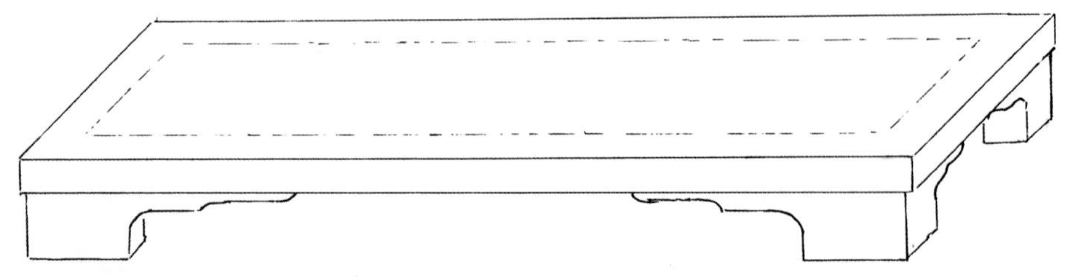

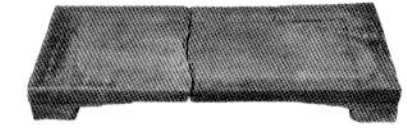

汉（公元前206～220年）

长192厘米，宽83厘米，高21.4厘米

四周纹饰带宽10厘米，侧面纹饰宽7.4厘米

1986年凤台征集

太守出行图画像石石案

石案为石灰岩质，呈长方形。有学者认为是塌。该案制作规整，工艺精湛，以细如发丝的线条勾勒出生动的人物、车马、动物等，是淮南地区仅见的汉代高水平石刻件。

石案案面四边以水波纹为廓，形成环四周宽7.4厘米的纹饰带，并以四虎首将纹饰带分为四区。虎首下部在水波纹廓外折角处饰四枚阴线刻五铢钱纹，但比五铢钱实物略大。纹饰主要表现了汉代太守出行的宏大场面，长边的一侧饰六组人物车马，前方卫兵开道，太守轻车简从，侧后方刻“太守”二字。太守所乘车为轺车，是一种四面敞露可以远望的轻车，主要用于出使和驿递。环石案共有16组纹饰，计25个人物、18匹马、5辆车，包括家眷、奴婢、卫兵等。石案侧面饰浅浮雕连环纹、水波纹和细线阴刻云龙纹。

该案的用途可能有两种：一是墓上祭祀时，用于放置供品；二是睡塌。（文：沈汗青）

大守

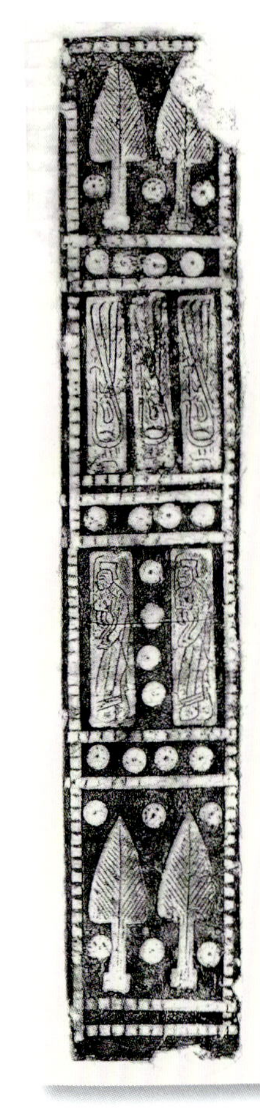

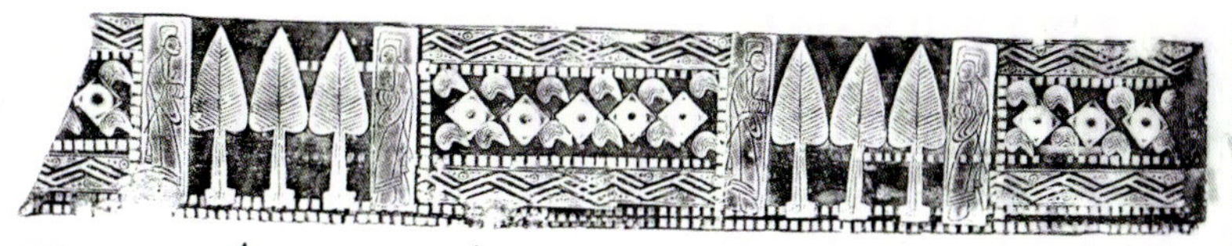

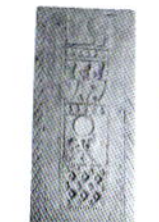

西汉晚期至东汉早期

2006年淮南市谢家集区公安分局移交

画像空心砖（4件）

画像砖是用模印和拍印方法制成的图像砖，是集绘画和雕刻于一体的建筑材料。流行于秦汉至六朝时期，主要分布在河南、山东、四川等地。汉代画像砖是崇尚厚葬和战国木椁墓向砖室墓演化形成的。河南画像砖以洛阳、郑州、南阳三地为中心。此批画像砖风格与郑州、新密出土画像砖风格相近。

其一，铺首衔环、长青树画像砖。长方形空心大砖，四周边框饰斜绳纹、水波纹、卷云纹，中间纹饰四层。第一层方形乳丁和甘露纹；第二层是主纹，饰铺首衔环；第三层并列3棵长青树；第四层为4个人物立像。纹饰是用模范拍印而成，接缝处不甚规范。

其二，佩剑人物、长青树立柱砖。长方形空心砖。正面边框饰绳纹，中间以绳纹和乳丁分成四层。第一层是2棵长青树；第二层图案似凤鸟纹；第三层是2侧身佩剑人物；第四层是2棵长青树。反面，两侧边饰斜向绳纹，中间饰竖向排列乳丁纹。

其三，佩剑人物、长青树画像砖。长方形横置空心砖。4侧身持剑人物两两对应，分成五区：第一区甘露纹和乳丁纹；第二区是3棵长青树；第三区居中为甘露纹、乳丁纹，上下饰水波纹边框；第四区是3棵长青树；第五区是第一、三区的重复。

其四，龙纹、甘露纹、乳丁纹画像砖。长方形空心大砖。边框以绳纹、水波纹。内框饰龙纹。上、下短面各饰两条龙，两长面各饰五条龙。中间饰甘露纹和乳丁纹。

汉画像砖虽然是墓葬建筑材料，但其内容、形象却是汉代政治思想、经济生活、社会文化的反映。

（文：沈汗青）

汉（公元前206～220年）
锸宽16.3厘米，长8.3厘米，重106克
1957年淮南市黑泥乡出土

汉（公元前206～220年）
锄宽14厘米，长13.4厘米，重223克
1957年淮南市黑泥乡出土

铁锸、铁锄

锸正面呈“凹”形，三面有刃，有銎，为装木柄的槽榫口，铁锄呈长形“凹”状，刃部较宽，前部尖突两侧外侈，有梯形榫口。器体较锸略厚些。同时出土的还有铁镰和长柄铁镰等。

二器均为汉代铁农具，但从特征来看，尚保留着战国时代铜质农具的特点。作为古代社会主要生产工具的农具，经历了石质农具、铜质农具和铁质农具三个阶段。早期铁农具保留下来的十分稀少，一方面铁可以重复利用，另一方面铁质易氧化，在古代遗存中发现较少。汉代时，铁农具已经普遍流行，铁锸用于开沟渠，翻耕土地做垅，铁锄用于翻土除草，表现出比铜质农具更加锋利的优越性，也显示了汉代锻造技术的进步。（文：沈汗青）

南北朝（公元420 ~ 589年）

印面边长2.47厘米，通高3.5厘米

1985年7月淮南市谢家集区李郢孜镇隗店村征集

“赵赦” 三套印

私印，方形，三套印，大小相次套在一起，又称子母印。母印，印文为篆文“赵赦之印”，辟邪钮，昂首、张口。子印印文为“赵赦”。钮同母印。另在子印腹中有一小印，锈结，印文不明。此印构思精巧，造型优美，承汉代遗风。（文：王茂东）

唐（公元618～907年）

长10.6厘米，宽4.1厘米，厚0.3厘米

1972年上窑出土

犀皮漆梳

角质。梳呈弧背扁平状，体薄，梳齿细密。其一端已残损。角质已被酸性物质腐蚀。整体小巧精致，制作精细。不仅是一件材质优良的实用器，更是饱含艺术品味的佳作。（文：陶志强）

金·正隆二年（公元1157年）
印面5.8x5.2平方厘米，通高3.5厘米，重543克
本馆旧藏

尚醞署印

金国官印，铜质，方形。印面阳刻篆书“尚醞署印”，窄边栏。印面边侧分别阴刻“正隆二年元月，内少府监造”。“正隆”为金国第四代皇帝完颜亮的年号，正隆二年即1157年；“尚醞署”，金代掌进御酒醴的机构。正隆元年 1156年 ，完颜亮改革金国官印，追缴袭用的辽、宋旧印，由内少府统一进行新官印的铸造。此印正是内少府监造的一方官印，铸于1157年，铸造精工，外观平滑，形制符合金国印信规范，称得上是金国官印的标准器，弥足珍贵。（文：汪茂东）

元（公元1279～1368年）
直径15厘米，高2.5厘米
本馆旧藏

三足圆形歙砚

歙石，砚体扁平，圆形，窄边一周。方形砚池，底内凹，砚堂浅平，一侧琢一指宽凹槽，疑为放墨之用。砚池、砚堂呈“吕”状布局。砚背一侧作斜坡状，保留了宋代抄手砚遗风。三矮平足。该器石质较细，雕琢简洁。此砚石色黑，略显青碧色，石质坚韧润密，为历代文人雅士所喜爱。宋代苏轼曾称它“涩不留笔，滑不拒墨”。（文：汪茂东）

明（公元1368～1644年）

边长11.5厘米，厚1.6厘米

本馆旧藏

“地藏金印”

铜质，正方形。宽边，印面为九叠篆阳文“地藏金印”，上边缘有“天台名山”，下边缘有“地藏金印”，白文楷字。宽边栏饰阴刻卷云纹。印背边缘饰卷云纹，中隐见一回首龙纹，龙头为钮座，钮残存螺纹小柱，阳铸楷书“御赐”二字。地藏王为佛教八大菩萨之一，道场在佛教四大名山之一的安徽九华山，传说地藏王在九华山说法，教化众生。佛经中，也记载他受释迦牟尼嘱托在世上教化众生，脱离污秽、地狱、恶鬼六道。盖地藏印寓意吉祥如意，朝山者均以能盖此印为幸事。天台山在浙江省天台县城东北，是佛教天台宗道场，此印应是从天台山流传到淮南地区。该印与安徽九华山历史文物馆收藏的四件地藏金印大小相同，形制相似，印背楷书“御赐”二字，弥足珍贵。（文：汪茂东）

明（公元1368～1644年）
高16.3厘米，重1450克
本馆旧藏

铜观音坐像

坐式。铜质细腻，通体氧化成黑色。头发向后梳起成高髻。头低垂，双目微闭下视，身穿双领垂式宽袖袈裟，胸挂璎珞，左手结说法印于腿上，右手当胸结安慰印，结跏趺坐。佛像五官小巧，面目清秀，神情恬静、安详，似在为众生祈福。（文：汪茂东）

清（公元1644～1911年）

高38.8厘米，重4900克

本馆旧藏

鎏金观音铜坐像

铜质，通体鎏金。观音侧坐于麒麟背上，头戴天冠；双目垂视，五官丰满，神情安详、和善，双耳佩环形耳环，垂肩，颈部多道蚕节纹，胸饰连珠式璎珞，身着袈裟。右手结触地印置于膝盖，右腿支起于麒麟背上；左手置于身体左侧麒麟背部，左脚置于莲花座。麒麟卧于莲花座上，回首作仰视状。莲花座近长方形，束腰，上下各一周连珠纹，座前两侧各附立一莲花烛台。整体造型生动传神。

观音菩萨，又叫观世音菩萨，与文殊菩萨、普贤菩萨、地藏菩萨一起，被称为四大菩萨。观音菩萨相貌端庄慈祥，经常手持净瓶杨柳，具有无量的智慧和神通，大慈大悲，普救人间疾苦，是我国佛教信徒普遍崇奉的菩萨，拥有的信徒最多、影响最大。（文：汪茂东）

清（公元1644～1911年）

通高29厘米，重3700克

本馆旧藏

铁质鎏金人物立像

着冠，广额，大耳垂肩，五官丰满，体态敦厚，颈带项圈。上身穿无袖袈裟，手缠帔帛，似随风飘动；下身穿着盔甲，身体左侧前倾，站立于一四足方形座上。手、脚饰铜镯。人物造型诙谐、生动传神，通体鎏金，弥足珍贵。（文：汪茂东）

清（公元1644～1911年）

长11.7厘米，高4.5厘米，重436.4克

本馆旧藏

铜蟾砚滴

文房用品。蟾蜍形，大口，眼珠外凸，腹空；三足 尾部一足 ，一足前置，作向前爬行状。蟾背部、口部各有一圆孔，且背孔比口孔稍长，应由背孔注水，由口孔向砚内滴水，供研墨之需，可控水量。该器构思精巧、形态逼真，蟾蜍憨掬可爱，集雅玩、实用于一体，让人爱不释手。

砚滴的出现与笔墨的使用和书画的兴起有着密切的关系。最初古人使用各种形状的水盂类器皿注水研墨，发现用水盂往砚池里倒水时，水的流量往往很难控制，于是就改进和发明了便于控制水量的研墨工具——砚滴。从目前的传世品和出土器物来看，砚滴的出现应不晚于汉代，最早为铜制，后逐渐有陶、瓷、玉、石等质地，其样式不定，历代均有创新。如汉代砚滴多为龟、蛇、熊之形，古朴浑厚。魏晋时除流行汉时的熊形砚滴外，蛙、龟等青瓷砚滴也较流行。元代以前多为比较单纯的兽形，除了蟾蜍与玄武外，大部分为珍禽瑞兽，如辟邪、麒麟、鹿、天禄等。由此而见，早期的砚滴不仅仅是一种文房用具，还是一种代表祥瑞气氛的物品。（文：汪茂东）

清（公元1644～1911年）
高50.8厘米，重14200克
1972年征集

铜马

红铜质，通体呈深枣红色。正目前视，竖耳，颈部丰满，体态肥硕，尾下垂，三足着地，右前足正扬，左后足欲离地，阔步向前之态。马鬃、马尾的毛发被风吹拂向前。马的造型神态逼真、气定神闲、遒劲有力，具有强烈的威武之气和动态之美。该器制作精良，寓意吉祥，有“马到成功”之意，令人喜爱。（文：汪茂东）

清·道光十四年（公元1834年）
高13.7厘米，长7.3厘米，宽6.4厘米
本馆旧藏

三镶玉包锡紫砂方壶

壶体方形，把、流、盖亦方形。内胆为紫砂质地，外部包锡壳，壶钮、流口、把三处镶白玉。平底，壶体下部对应两侧内凹一指。壶体一侧刻梅花、芭蕉纹；一侧刻铭“但识琴中趣何劳弦上声”和“道光甲午夏五月廿有九日时尝褥暑挥汗濡笔”以及“蕴珎并识”的落款。（文：汪茂东）

清（公元1644～1911年）
高41厘米，口17.3×13.6平方厘米，底16×12.7平方厘米
本馆旧藏

仿古铜壶

通体黝黑，圆口外侈，高领，颈部置双桥形耳，上饰铺首衔环，广肩，鼓腹，圈足。口下一周饰蕉叶纹，颈部饰一周凤鸟纹，上腹饰两条夔龙纹，下腹饰蝉形纹，底部一周饰凤鸟纹。所有纹饰皆布局均匀，并以云雷纹为地纹。器内口下有铭文“元始元年”。该器虽然为清代所制，器形纹饰仿商周，但其造型规整、铸工精细，不失为一件艺术佳品。（文：汪茂东）

清（公元1644～1911年）
高45.8厘米，口径19厘米，底径21.3厘米
本馆旧藏

仿古铜壶

通体黝黑，圆卷口，高颈，广肩，肩下铺首衔环，球腹，高圈足。颈部一周饰夔龙纹，腹部饰一周蝉形纹，纹饰间隙均以云雷纹为地。器形纹饰仿商周，虽清代所制，但制作精细，工艺颇佳。（文：汪茂东）

民国（公元1911～1949年）
直径3.8厘米，重12.3克
本馆旧藏

国民革命军北伐成功退伍纪念章

此枚纪念章系红铜质，圆形，图案填以红、白、蓝三色珐琅。纪念章正面图案上方有交叉对称的两面旗帜，左面为青天白日旗——国民党党旗，右面为青天白日满地红旗——中华民国国旗，图案正中央为一心形图案，上自左至右竖向排列孙中山先生隶书“天下为公”四字，心形图案左侧有一斧头，右侧有一镰刀图案，下方的红地带状边框内有隶书“北伐成功退伍纪念章”字样。

纪念章背面模印四行字，自左至右为“中华民国十七年国民革命军北伐成功退伍纪念章”。该纪念章上部穿孔本来有别挂用的铜质细链，现已缺失。制作方法是模制冲压成型后，再填珐琅料彩入炉烧制而成。

据文献记载，1926年北伐时，国共两党联合作战，最后取得了北伐全面胜利。1928年北伐军士兵相继退伍，国民革命军和中国共产党军队先后制作了1928年版和1929年版的“北伐成功退伍纪念章”颁发将士以作纪念，也是人民军队建军后的第一枚纪念章。（文：沈汗青）

后 记

2009年岁末，淮南市博物馆决定汇集馆藏珍品，出版《淮南市博物馆文物集珍》，并拟定于2010年8月完成。根据本馆所藏文物的特点，经过反复斟酌、认真筛选，从数千件藏品中挑选出136件（套），分为铜器、陶瓷、玉器、杂项四个专辑。为了能够做到图文并茂，同时兼顾专业性和可读性，尽可能地给读者更多的文物背景信息，我馆全体同志参与了图释的说明写作工作。本书的面世，是淮南市博物馆全体同仁共同努力的结果。

担任文字写作的有沈汗青、于怀珍、汪茂东、刘继武、文立中、吴琳、陶志强、任胜利、王莉、程东雯、孙梅、单超、闫晓娟、陶佳。书法家赵永林先生为本书题写了书名。刘继武同志承担了拓片、线图的相关工作。沈汗青、刘继武、范可君同志还担任了全部文物照片的拍摄工作，吴琳同志承担了文字录入工作。后期，由沈汗青进行了统稿。

淮南市博物馆在长达半个多世纪的发展过程中，几代文博人付出了艰苦努力，尤其是老前辈周墨兵和徐孝忠先生为收藏和保护馆藏文物可谓倾尽毕生心血，借此机会向他们表示诚挚的敬意！

本书在编辑出版过程中得到淮南市文化广电新闻出版局孙献光局长及各位领导的高度重视和悉心指导，淮南市财政局在出版经费上给予了鼎力支持。安徽省文物鉴定站的各位专家不辞辛劳，在百忙之中审阅书稿。在此，我们向关心、支持和参与本书出版的各位领导、专家和同志们表示衷心的感谢！

限于我们对文物认知水平的局限，书中可能有疏漏和错误之处，恳请读者批评指正！

编　者

2010年8月